EXPLICATION

DE LA

LOI DU 17 JUILLET 1856

RELATIVE AUX

SOCIÉTÉS EN COMMANDITE

PAR ACTIONS

contenant, sous chaque article,

L'EXPOSÉ DES PRINCIPES GÉNÉRAUX

ET LA SOLUTION DES QUESTIONS SUSCEPTIBLES DE CONTROVERSE;

en appendice,

L'EXPOSÉ DES MOTIFS, LE RAPPORT

ET LA DISCUSSION DE LA NOUVELLE LOI AU CORPS LÉGISLATIF

AVEC LES DEUX PROJETS

Par H.-F. RIVIÈRE

Avocat à la Cour impériale, docteur en droit, lauréat de l'Académie de législation, auteur des *Répétitions écrites sur le Code de commerce.*

PARIS

A. MARESCQ ET E. DUJARDIN, LIBRAIRES-ÉDITEURS,

17, RUE SOUFFLOT, 17.

1857

EXPLICATION

DE LA LOI RELATIVE AUX

SOCIÉTÉS EN COMMANDITE

PAR ACTIONS

DIJON

IMPRIMERIE ET STÉRÉOTYPIE DE LOIREAU-FEUCHOT

place Saint-Jean, 1 et 3.

EXPLICATION

DE LA

LOI DU 17 JUILLET 1856

RELATIVE AUX

SOCIÉTÉS EN COMMANDITE

PAR ACTIONS

contenant, sous chaque article,

L'EXPOSÉ DES PRINCIPES GÉNÉRAUX

ET LA SOLUTION DES QUESTIONS SUSCEPTIBLES DE CONTROVERSE;

en appendice,

L'EXPOSÉ DES MOTIFS, LE RAPPORT

ET LA DISCUSSION DE LA NOUVELLE LOI AU CORPS LÉGISLATIF

AVEC LES DEUX PROJETS

Par H.-F. RIVIÈRE

Avocat à la Cour impériale, docteur en droit, lauréat de l'Académie de législation,
auteur des *Répétitions écrites sur le Code de commerce*.

PARIS

A. MARESCQ ET E. DUJARDIN, LIBRAIRES-ÉDITEURS,

17, RUE SOUFFLOT, 17.

1857

TABLE DES MATIÈRES.

AVANT-PROPOS 3

INTRODUCTION. — Règles applicables aux sociétés en commandite par actions. — Observations sur les réformes introduites dans la législation par la loi du 17 juillet 1856. 7

ART. Ier. — Valeur des actions ou coupons d'actions. — Souscription de la totalité du capital social. — Versement que chaque actionnaire doit faire. — Déclaration notariée du gérant. — Pièces et actes annexés à la déclaration. 28

ART. II. — Forme des actions. 36

ART. III. — Obligation de chaque souscripteur au paiement total du prix des actions par lui souscrites. — Quand les actions ou coupons d'actions sont négociables. 39

ART. IV. — Vérification et appréciation de la valeur des apports et des avantages particuliers. — Approbation par l'assemblée générale. — Mode des délibérations. 44

ART. V. — Etablissement du conseil de surveillance. — Par qui et quand ce conseil doit être nommé. — Epoques de réélection. . . . 47

ART. VI. — Nullité de la société par suite d'infraction aux dispositions précédentes. — Par qui et à qui cette nullité peut être opposée. 52

ART. VII. — Responsabilité des membres du conseil de surveillance et de certains fondateurs en cas d'annulation de la société. . . . 55

ART. VIII. — Droit et devoir des membres du conseil de surveillance. . 57

ART. IX. — Droit du conseil de surveillance de convoquer l'assemblée générale et de provoquer la dissolution de la société. . . . 60

ART. X. — Cas de responsabilité des membres du conseil de surveillance. 62

ART. XI. — Peine appliquée à l'émission d'actions ou coupons d'actions d'une société constituée contrairement aux art. 1 et 2, et au gérant qui commence les opérations avant l'entrée en fonctions du conseil de surveillance. 64

ART. XII. — Peine appliquée à la négociation et à la participation à la négociation d'actions ou coupons d'actions prohibées, ainsi qu'à la publication de la valeur de ces actions. 65

ART. XIII. — Diverses sanctions pénales. 68

ART. XIV. — Commissariat pour les actions judiciaires 75

ART. XV. — Dispositions transitoires. 83

Exposé des motifs. I

Rapport. XIII

Discussion XXXVIII

FIN DE LA TABLE.

AVANT-PROPOS.

Nous avons quelquefois lu et entendu dire que, pour expliquer une loi nouvelle, on devait se contenter de reproduire, avant ou après le texte, *in extenso* ou par fragments, l'exposé des motifs, le rapport et la discussion.

Nous ne sommes pas de cet avis. Sans nier l'utilité de ces divers documents législatifs, nous croyons que les secours qu'ils peuvent fournir pour l'intelligence des textes ne suffisent pas toujours. Dans un exposé de motifs, aussi bien que dans un rapport, on insiste sur des idées générales, sur l'esprit qui a présidé à la rédaction de la loi, sur son utilité; on expose les phases qu'elle a traversées, les amendements qui ont été proposés, admis ou rejetés. Les discours qui se prononcent dans la discussion ne sont assez souvent que des critiques adressées aux principes en projet par les orateurs dissidents, ou des réponses aux objections qui ont été faites; et toutes ces observations sont assez souvent aussi dépourvues d'intérêt dès que la loi est votée.

Ne reste-t-il donc rien à faire pour l'interprète? Le

texte de la loi est-il toujours si clair, si précis, qu'il suffise de le lire pour le comprendre? N'est-il pas, au contraire, quelquefois incertain, équivoque, insuffisant? N'y a-t-il pas des principes qui résultent de la combinaison des textes de la loi nouvelle avec les règles générales, et qu'il importe de rappeler ou de faire connaître; des détails que l'on omet dans les documents législatifs et qui sont du ressort de l'interprétation?

Il y en a d'autres qui pensent que, pour commenter une loi, il est nécessaire d'attendre que la pratique ait fait naître les espèces et que la jurisprudence ait prononcé.

Sans doute, ce sont de précieux matériaux que ceux que l'on trouve dans la jurisprudence, et lorsque, sur une matière, les arrêts sont nombreux, la tâche de l'interprète, bien que difficile encore, est beaucoup simplifiée.

Mais nous ne savons si la doctrine est disposée à accepter le rôle secondaire auquel veulent l'assujettir ceux qui partagent ce sentiment. Si elle s'inspire quelquefois des décisions de la jurisprudence, est-ce que la jurisprudence elle-même n'emprunte jamais rien aux théories de la doctrine?

Enfin, il en est qui ont prétendu que l'on ne devait pas rechercher avec trop de sollicitude les questions qui pouvaient surgir de textes nouvellement publiés. Ils se bornent à une paraphrase plus ou moins dogmatique. Ils éludent les difficultés à l'aide d'une grande sobriété dans les développements et de certains artifices de style. Mais, en revanche, ils s'étendent longuement et d'une manière très-didactique sur les textes les plus simples de la loi : *in difficili mutus, in facili multus.*

Nous voulons bien que l'on n'épuise pas ses forces à la découverte d'hypothèses impossibles ; mais, si la lecture d'un texte suggère des espèces pratiques, des difficultés pour la solution desquelles des raisons diverses et sérieuses se présentent à l'esprit, l'interprète qui les passe sous silence ne remplit qu'une faible partie de sa tâche ; nous disons même qu'il manque à sa mission.

Dans le travail que nous publions aujourd'hui, nous avons, tout en nous attachant à l'exposition des principes, agité un certain nombre de questions et essayé de les résoudre, sans nous livrer à de bien longues discussions.

Nous avons mis à profit l'exposé des motifs et le rapport qui ont été présentés à la Chambre des députés en 1838, au sujet d'un projet de loi dans lequel le législateur de 1856 a puisé plusieurs dispositions.

Nous avons aussi profité de la lumière que répandent sur le texte de la loi du 17 juillet 1856 l'exposé des motifs et surtout le rapport remarquable de M. Langlais. Nous ne disons rien de la discussion au Corps Législatif, qui a été assez brève.

Nous donnons en appendice ces derniers documents. Ils seront utiles aux lecteurs qui désireraient contrôler nos opinions ou se livrer à de nouvelles recherches.

Nous n'avons pas, en effet, la prétention d'avoir toujours rencontré juste ni d'avoir épuisé la matière.

Ceux qui viendront après nous pourront élargir la carrière, découvrir de nouveaux horizons, soulever d'autres questions, déduire de nouvelles raisons à l'appui de nos solutions ou les combattre par de puissants arguments. La pratique fournira aussi ses espèces et la jurisprudence ses décisions.

Mais il nous semble qu'il y a toujours quelque utilité à frayer la route et à planter les premiers jalons.

C'est cette pensée qui nous a déterminé à publier d'autres travaux sur des lois dont la promulgation était assez récente, et qui a stimulé notre zèle lorsque nous avons entrepris l'explication de la loi relative aux sociétés en commandite par actions.

Cette loi, d'ailleurs, a une importance incontestable. Aura-t-elle l'heureuse influence que ses rédacteurs ont annoncée? Produira-t-elle de graves inconvénients? Nous n'avons pas à nous prononcer. Quoi qu'il en puisse être, il importe de faire connaître sa pensée et d'én vulgariser les prescriptions.

EXPLICATION

DE LA LOI DU 17 JUILLET 1856

RELATIVE AUX

SOCIÉTÉS EN COMMANDITE

PAR ACTIONS

INTRODUCTION.

Règles applicables aux Sociétés en commandite par actions. — Observations sur les réformes introduites dans la Législation par la loi du 17 juillet 1856 (1).

SOMMAIRE.

1. Définition et caractères de la société en commandite. — Diverses espèces de sociétés en commandite.
2. Division en actions du capital des sociétés en commandite. — Distinction des actions.
3. Utilité de la commandite par actions.
4. Application des règles générales aux commandites par actions.
5. Personnalité. — Raison sociale, quels noms peuvent y figurer.
6. Preuve. — *Quid* lorsque l'acte de société est sous seing privé?
7. Renvoi à la disposition de l'art. 1er de la loi nouvelle.
8. Formalités de publicité. — Sanction en cas d'inobservation de ces formalités.
9. Par qui la société est représentée.
10. Pouvoirs du gérant. — Sa responsabilité.
11. *Quid* si le gérant cède ses droits dans la société?
12. Qui peut demander la révocation du gérant.
13. Peut-on stipuler dans l'acte de société en commandite le droit de révoquer *ad nutum* les pouvoirs conférés à l'associé administrateur? — Solution affirmative.
14. Assemblées générales des actionnaires. — Leurs délibérations. — Rôle des commanditaires dans les délibérations. — Peuvent-elles modifier les conditions essentielles du pacte social? — autoriser le gérant à hypothéquer les immeubles de la société? — Renvoi au commentaire.
15. Conseils de surveillance. — Renvoi aux dispositions de la loi nouvelle.
16. Interdiction des actes de gestion de la part des commanditaires.

(1) Bul. off. 414, n° 3836.

17. *Quid* si le commanditaire s'immisce dans la gestion? — Observation générale sur les actes permis ou défendus aux commanditaires.
18. Action directe des créanciers sociaux contre les commanditaires. — Poursuite par les voies commerciales.
19. Les commanditaires sont-ils tenus au rapport des bénéfices touchés pendant la durée de la société? Solution négative. — Renvoi au commentaire pour le rapport des dividendes fictifs.
20. Causes de dissolution des sociétés en commandite par actions.
21. Insuffisance des règles précédentes. — Du projet de loi élaboré en 1838. — Observations de M. Wolowski. — Du projet de loi amendé par la commission de la Chambre des députés en 1838.
22. Additions et modifications apportées par le législateur de 1856. — Observations.
23. Résumé des principales dispositions de la loi nouvelle.
24. Observation générale sur ces dispositions.—Passage du rapport de M. Langlais.
25. Sentiment de quelques jurisconsultes sur les réformes à introduire dans les règles du Code de commerce.
26. Critiques diverses des dispositions de la loi du 17 juillet 1856. — Observations.

1. — La société en commandite est celle qui se forme entre un ou plusieurs associés, responsables et solidaires, appelés *associés en nom* ou *commandités*, et un ou plusieurs bailleurs de fonds, tenus jusqu'à concurrence de leur mise seulement, nommés *commanditaires* (art. 23-1° et 26 C. comm.).

Cette espèce de société participe de la nature de la société en nom collectif et de la société anonyme, dont elle se distingue cependant par des différences assez profondes.

Il y a dans la société en commandite : 1° une obligation pour le tout de la part d'un associé au moins, et, d'un autre côté, des risques limités à leur mise de la part d'un ou de plusieurs associés ; 2° un ou plusieurs associés qui gèrent et d'autres qui restent étrangers à la gestion.

Il faut, pour qu'il y ait société en commandite, qu'à côté de la commandite se trouve une responsabilité personnelle et indéfinie de la part d'un ou de plusieurs gérants. Ainsi, on ne devrait pas voir une société de cette nature dans la convention qui déclarerait que tous les membres seront commanditaires, et que la société sera administrée par un ou plusieurs individus non associés.

La société en commandite peut n'être formée qu'entre une seule personne, qui sera le gérant responsable, et un ou plusieurs commanditaires ; elle peut aussi exister entre plusieurs commandités et un certain nombre de commanditaires ; dans ce dernier cas, il y a mélange de deux sociétés : l'une en nom collectif, l'autre en commandite (art. 24 C. comm.).

On doit, en outre, distinguer la société en commandite simple de la société en commandite par actions.

2. — Le capital des sociétés en commandite peut, en effet, être divisé en actions (art. 38 C. comm.). Cette combinaison consiste à partager le fonds social en un certain nombre de fractions égales qui, ajoutées ensemble, donnent le total du fonds social.

La valeur des actions peut être fournie en numéraire (1) ou bien en d'autres choses mobilières ou immobilières. C'est ce que dans l'usage on appelle les actions de capital (2). Par opposition aux actions de capital, on distingue les actions *industrielles*, qui représentent le capital industriel et constituent la rémunération des idées, des services utiles à la société.

Les premières ont droit sur le fonds social et sur les produits à une part proportionnelle à leur valeur. Régulièrement, les actions industrielles participent seulement aux produits de l'industrie. Cependant, assez souvent, dans la formation des sociétés en commandite, on a attribué à ces actions tous les droits appartenant aux actions de capital.

Les fondateurs des sociétés accordent assez souvent aussi des actions à ceux qui concourent à leur organisation ou qui promettent leurs soins pour les faire réussir. C'est ce qu'on appelle des actions de *prime*.

Cette distinction entre les actions ne sera peut-être pas sans utilité pour l'intelligence de ce que nous aurons à dire dans le commentaire de la loi nouvelle.

L'action est distincte du fonds social, a une existence séparée, peut être cédée à volonté et permet, en général, de laisser entrer et sortir des sociétaires sans aucune altération du lien social.

Les actions sont *nominatives* ou *au porteur*.

(1) Quand la valeur des actions est fournie en numéraire, elles sont appelées actions *payantes*. — (2) Les actions attribuées aux fondateurs en représentation de leur apport reçoivent le nom d'actions de *fondation*.

Les actions nominatives portent le nom des personnes auxquelles elles appartiennent. La propriété de ces actions peut être établie par une inscription sur les registres de la société (art. 36, 1er alin., C. comm.). Dans ce cas, la cession s'opère par une déclaration de transfert inscrite sur les registres et signée de celui qui fait le transport ou d'un fondé de pouvoir (art. 36, 2e alin., C. comm.).

Les actions au porteur sont celles qui, ne contenant le nom d'aucun propriétaire originaire, peuvent se transmettre par la seule tradition du titre (art. 35 C. comm.).

Les actions nominatives rendent moins faciles que les actions au porteur les combinaisons de la fraude et de l'agiotage. Aussi verrons-nous, en expliquant la loi nouvelle, que le législateur de 1856 a apporté quelques restrictions à la faculté de créer des actions au porteur dans les sociétés en commandite.

Il y a aussi des actions à *ordre*. Nous en parlerons dans le commentaire.

3. — La société en commandite par actions réunit tous les avantages des autres sociétés réglées par le Code de commerce. C'est un moyen puissant qui a été mis en œuvre par l'esprit d'association, et qui a pris de nos jours des développements immenses (1).

4. — La société en commandite par actions est régie par les règles générales qui sont applicables à la commandite simple (art. 38 C. comm.). Nous les rappellerons ici sommairement avant de parler des principes que la loi du 17 juillet 1856 a introduits dans notre législation commerciale.

Nous nous occuperons notamment de celles qui concernent l'existence, la preuve, les formalités de publicité, l'administration, les obligations des commanditaires, enfin la dissolution de la société (2).

(1) On a fait observer que, dans l'espace de temps compris entre le 1er juillet 1854 et le 30 juin 1855, il s'était formé à Paris 457 sociétés en commandite dont le capital nominal s'élevait à un milliard environ. Dans ce nombre 225 avaient divisé leur capital en actions, et ce capital était de 968,000,000 fr. (Voyez le rapport de M. Langlais.) — (2) Les lecteurs pour lesquels le résumé de ces règles serait inutile, parce qu'elles leur seraient familières, sont priés de passer outre et de vouloir bien se reporter à nos observations sur les prin-

5. — La société en commandite constitue une personne juridique, investie de droits actifs et passifs distincts de ceux des associés.

Elle opère, comme la société en nom collectif, sous une raison sociale (art. 23-2° C. comm.).

Mais cette raison sociale ne peut se composer que des noms d'associés responsables et solidaires (*ibid.*). Les noms des associés commanditaires ne peuvent en faire partie (art. 25 C. comm.). Le législateur n'a pas voulu qu'on pût abuser les tiers en mettant dans la raison sociale le nom d'une personne sur la solvabilité de laquelle ils pourraient compter, quand elle ne peut être tenue que jusqu'à concurrence de sa mise.

Si le nom d'un commanditaire figurait dans la raison sociale, il serait réputé associé solidaire et soumis au regard des tiers à toutes les conséquences de cette qualité. Ce serait l'indemnité la plus naturelle du préjudice que cette contravention à la loi leur aurait causé.

6. — L'existence de la société en commandite ne peut pas se prouver par témoins (art. 41 C. comm.).

Toute société en commandite doit être constatée par un acte authentique ou par un acte sous seing privé, revêtu des formalités prescrites par l'art. 1325 C. N. (art. 39 C. comm.).

Quand l'acte est sous seing privé, il suffit qu'il y ait deux doubles, l'un pour les gérants, l'autre pour les commanditaires. Dans une société en commandite, il n'y a, en effet, que deux intérêts distincts, celui des gérants, qui administrent, et celui des actionnaires à raison de leurs mises. Ces actionnaires, entre eux, ne représentent qu'un intérêt commun (1).

On comprend qu'une autre solution serait presque impraticable lorsqu'une société en commandite est formée par actions.

Dans l'usage, on recueille les signatures des souscripteurs sur deux doubles de la police de la société, et on délivre à ces souscripteurs des promesses d'actions échangeables contre les titres constatant les actions, lors du versement de leurs mises.

cipes de la loi nouvelle. (Voy. nos 21 et suiv. *infra.*) — (1). Rej. 20 décembre 1830. — Dev., 1831. 1. 38.

7. — Nous verrons que, d'après l'art. 1er de la loi du 17 juillet 1856, le gérant doit annexer l'acte de société, avec la liste des souscripteurs et l'état des versements faits par eux, à la déclaration notariée qu'il fait et qui constate la souscription de la totalité du capital social et le versement, par chaque actionnaire, du quart au moins du montant des actions par lui souscrites.

8. — La société en commandite doit être rendue publique, dans la quinzaine de la date de l'acte de société, par l'affiche, par la transcription sur les registres du greffe et par l'insertion dans les journaux (art. 42 C. comm.).

L'extrait qui doit être publié indique spécialement les valeurs fournies ou à fournir par les commanditaires. Il n'est pas nécessaire que les noms de ces derniers y figurent, car leur personne n'est pas responsable solidairement ; leur mise seule est prise en considération : c'est sur le montant de la commandite que les tiers mesurent leur confiance.

L'extrait de l'acte de société doit être signé par le notaire qui l'a reçu si l'acte est authentique, et par les associés solidaires ou gérants s'il est sous seing privé (art. 44 C. comm.).

Lorsque les formalités dont nous venons de parler n'ont pas été observées, les gérants, si les opérations n'ont pas encore été commencées, ne peuvent pas contraindre les commanditaires à verser leurs mises, et les commanditaires n'ont, de leur côté, aucune action pour le forcer à l'exécution des conventions sociales.

Si des opérations du commerce social avaient déjà eu lieu, on réglerait les intérêts pour le passé d'après les règles de la société. Telle est du moins l'opinion que nous adoptons (1).

Mais la nullité résultant de l'inobservation de ces mêmes formalités ne peut pas être opposée aux tiers par les associés (art. 42 C. comm.). Les créanciers seraient reçus à établir par tous les modes de preuve admis en droit commercial l'existence de la société et les obligations dont seraient tenus les commanditaires.

Enfin, s'il existait une différence en plus ou en moins entre

(1) Voy. *Répétitions écrites sur le Code de commerce*, 2e édition, p. 93 et suiv.

le montant de la commandite contenu dans l'acte de société et celui qui serait énoncé dans les extraits, c'est la plus forte somme qui, selon nous, devrait être prise en considération pour déterminer l'étendue des engagements des commanditaires envers les tiers.

9. — Les associés commandités représentent seuls la société. C'est entre leurs mains qu'est centralisé le pouvoir qui la dirige. Les gérants doivent avoir la force et la liberté d'action nécessaires au succès des entreprises commerciales ou industrielles.

10. — Le gérant peut faire au nom de la société tous les actes que nécessite l'exercice du commerce pour lequel elle a été constituée.

Mais il ne jouit de la libre disposition des objets qui composent le fonds social que pour l'exercice du commerce de la société, et dans les limites qui lui sont imposées par sa qualité d'administrateur.

Ainsi, en principe, il n'a pas, en vertu de cette qualité, le pouvoir suffisant pour hypothéquer les immeubles de la société (1).

Le gérant est responsable des pertes qu'il a occasionnées par une mauvaise gestion (art. 1850 C. N.). Sa responsabilité est engagée par toute faute dénotant cette absence de soins et de vigilance qu'un commerçant apporte ordinairement dans la gestion de son commerce. Cependant M. Pardessus pense que l'on ne doit lui imputer que le dol prouvé ou des fautes si graves qu'on puisse les considérer comme un dol (2).

11. — Comme il importe que les associés en nom soient intéressés dans l'entreprise qu'ils sont chargés d'administrer, les statuts des sociétés en commandite portent assez souvent qu'ils ne pourront céder leur part d'intérêt pendant la durée de la société, et que les titres qui la constatent resteront déposés dans la caisse sociale pour la garantie de la gestion (3).

(1) Cass., 21 avril 1841. ; Dev., 1844. 1. 395. — (2) N° 1033. — (3) Le projet de loi amendé par la Chambre des députés en 1838 renfermait dans son art. 17 une disposition ainsi conçue : « Les gérants seront tenus de fournir une mise formant au moins le dixième de la totalité du fonds social..... Les actions représentant cette mise resteront indisponibles tant que durera la

Si au mépris de cette clause le gérant cédait ses droits, chacun des associés commanditaires ou les autres associés en nom auraient le droit de le faire exclure de la société, avec dommages-intérêts.

Quand même il n'y aurait à cet égard aucune stipulation dans l'acte de société, nous ne pensons pas que les commanditaires puissent être obligés de laisser la direction des intérêts sociaux à un gérant qui aurait ainsi cédé tous ses droits.

12. — Les commanditaires peuvent demander la révocation du gérant pour des causes légitimes (art. 1856 C. N.) (1).

Chacun des associés a le même droit, à moins de convention contraire. Le concours ou l'approbation de la société, ou de l'assemblée générale qui la représente, n'est pas nécessaire (2).

13. — D'après les principes du droit commun, on peut valablement stipuler dans l'acte de société le droit de révoquer *ad nutum* les pouvoirs conférés à l'associé administrateur. En est-il de même à l'égard du gérant d'une société en commandite? La négative est professée par M. Troplong. Il ne pense pas que les commanditaires puissent se réserver le droit de le destituer à leur gré et de le remplacer : « Le gérant, dit-il, ne serait plus à leur égard qu'un mandataire révocable, qu'un agent dépendant et passif, qui tirerait sa vie et son action des commanditaires et administrerait à leur place; les conditions de la commandite seraient renversées, car les actionnaires seraient les vrais administrateurs (3). »

Nous croyons que l'opinion contraire est mieux fondée. Lorsque les parties se sont formellement réservé dans l'acte de société le droit de révoquer le gérant, cette convention, que la loi n'interdit pas, doit recevoir son exécution. Le gé-

gestion, à la garantie de laquelle elles seront affectées. » (*Moniteur* du 25 avril 1838, p. 1012.) — Parmi les amendements proposés par quelques membres de la commission du Corps Législatif chargée d'examiner le projet de la loi nouvelle, M. le rapporteur cite celui de M. Dumiral, qui voulait que le gérant fût propriétaire, sauf une exception, du vingtième du capital; et celui de M. Delapalme, qui proposait d'astreindre le gérant à immobiliser un certain nombre d'actions libérées. (Voy. le rapport de M. Langlais.) — (1) Paris, 28 février 1850; Dev., 1850. 2. 447. — (2) Duranton, t. XVII, nº 434. — Troplong, *Sociétés*, t. 2, nº 676. — Paris, 23 décembre 1848 ; Dev., 1849. 2. 34. — *Contra* Duvergier, *Sociétés*, nº 293. — (3) *Sociétés*, nº 433.

rant est un mandataire, et il peut, par conséquent, être révoqué selon la volonté des mandants. Une telle convention ne porte pas atteinte aux principes essentiels de la société en commandite; tant que le gérant n'est pas révoqué, c'est bien en sa personne que réside le pouvoir d'administrer, c'est bien lui qui est indéfiniment responsable à l'égard des tiers. Sans doute il peut y avoir une influence illégitime des commanditaires sur le gérant par suite de la clause qui nous occupe, mais ce n'est pas un motif pour annuler une disposition formelle du pacte social (1).

14. — Il y a dans les sociétés en commandite par actions des assemblées générales d'actionnaires.

Ces assemblées sont convoquées aux époques déterminées par les statuts ou par la loi.

Nous dirons, en expliquant la loi nouvelle, à quelle majorité les délibérations y sont prises selon les divers cas.

Si les délibérations ont trait aux comptes que les associés en nom rendent de leur gestion, les actionnaires délibèrent seuls; si elles ont trait aux modifications à apporter dans les accords constitutifs de la société ou aux changements à introduire dans le personnel en exécution des statuts, les associés en nom et les commanditaires doivent délibérer ensemble; enfin, si les délibérations portent sur des opérations sociales, les associés en nom doivent seuls délibérer. Nous inclinerions même à penser que les gérants ne sont pas obligés de les admettre à prendre part à la délibération, à moins de stipulation contraire dans les statuts.

Dans tous les cas, si les commanditaires ne se bornaient pas à émettre de simples avis, s'ils assistaient avec voix délibérative à des décisions sur les opérations sociales dont les gérants sont chargés, ils seraient considérés comme ayant fait acte d'immixtion et se rendraient solidairement responsables.

En principe, les délibérations de l'assemblée générale des actionnaires ne peuvent modifier les dispositions essentielles de l'acte de société. On ne doit pas donner à la majorité le droit d'imposer à la minorité des conditions autres que celles

(1) Paris, 11 novembre 1848; Dev., 1848. 2. 687.

sous l'empire desquelles la formation du contrat a eu lieu. Ainsi, une assemblée générale n'aurait pas le droit d'affranchir le gérant des dispositions fondamentales du pacte social. Toute approbation qui serait donnée en ce sens par l'assemblée aux actes par lesquels le gérant aurait excédé ses pouvoirs, serait sans effet obligatoire. Et cette nullité est telle, que l'approbation de l'assemblée ne peut pas même être opposée aux actionnaires qui ont pris part à la délibération (1).

Nous avons dit plus haut que le gérant ne pouvait pas hypothéquer les immeubles de la société; mais l'assemblée générale des actionnaires est investie du droit de l'y autoriser (2). Une autre solution serait souvent funeste aux sociétés en commandite qui auraient besoin d'emprunter. Leurs opérations pourraient être paralysées.

Nous nous occuperons de quelques autres attributions conférées par la loi du 17 juillet 1856 aux assemblées générales des actionnaires, lorsque nous l'expliquerons.

15. — Nous parlerons aussi dans le commentaire de l'élection et des attributions des conseils de surveillance qui existent dans toutes les sociétés en commandite par actions.

Ces conseils ont pour mission de veiller à ce que les conventions sociales reçoivent une complète et loyale exécution. En fait, ils existaient déjà dans presque toutes les sociétés en commandite formées avant la promulgation de la loi nouvelle. Mais cette loi en a rendu l'établissement obligatoire et tracé des règles sur le mode de leur nomination, leurs fonctions et leur responsabilité.

16. — Les commanditaires doivent rester tout à fait étrangers à la gestion (art. 27 C. comm.); autrement, les tiers seraient souvent induits en erreur en les voyant gérer les affaires sociales : ils les confondraient avec les associés indéfiniment responsables, et compteraient sur une solvabilité qui, en définitive, ne leur offrirait qu'une garantie limitée, puisque les

(1) Voy. Cass., 14 février 1853; Dev., 1853. 1. 424. — *Junge*, Orléans, 20 juillet 1853; Dev., 1853. 2. 485; — Rej., 28 décembre 1853; Dev., 1854. 1. 433; — Rej., 27 décembre 1853; Dev., 1854. 1. 435. — (2) Rej., 3 mai 1853; Dev., 1853. 1. 617.

commanditaires ne peuvent pas être tenus au-delà de leurs mises.

Non-seulement les commanditaires ne doivent faire en leur nom aucun acte de gestion, mais ils ne peuvent pas même agir en vertu de procuration au nom des gérants (*ibid.*).

Toutefois, ces prohibitions concernent seulement les actes que les commanditaires feraient en représentant comme gérants la maison commanditée, et ne s'appliquent pas aux transactions commerciales que la maison commanditée peut faire pour son compte avec les commanditaires, et *vice versa* (1).

17. — Le commanditaire qui s'immisce dans l'administration de la société, quand même il n'aurait fait qu'un seul acte de gestion, est responsable, comme les gérants, pour toutes les dettes et engagements de la société et obligé solidairement avec eux (art. 28 C. comm.). Cette disposition peut être invoquée non-seulement par ceux qui ont traité avec le commanditaire, mais encore par tous les autres créanciers de la société. C'est une espèce de peine prononcée contre le commanditaire qui a enfreint les prescriptions du législateur. Mais il ne faut pas ajouter à la rigueur de la loi. Le commanditaire qui serait ainsi devenu responsable par suite d'un acte ou de quelques actes de gestion, ne devrait pas être considéré comme commerçant. Une pénalité ne doit jamais être étendue au-delà de ses termes, et, en principe, un individu ne peut être déclaré commerçant que lorsqu'il est constant, d'après une série d'actes, qn'il a fait du commerce sa profession habituelle. Le commanditaire qui s'est immiscé dans la gestion ne devrait donc être réputé commerçant qu'autant que ses actes d'immixtion seraient assez multipliés pour que les tribunaux pussent y voir cette habitude qui caractérise la qualité de commerçant (2).

Il ne pourrait pas être déclaré en faillite ; il ne serait pas non plus tenu des obligations imposées aux commerçants, relativement, par exemple, à la tenue des livres (art. 18 C. comm.), à la publication du régime matrimonial (art. 69 C. comm.).

(1) Avis du Conseil d'État du 17 mai 1809. — (2) *Répétitions écrites sur le Code de commerce*, 2e édition, p. 77 et suiv.

Le commanditaire qui a géré, et qui pour ce fait a été recherché par les créanciers et obligé de payer les dettes sociales, peut exercer contre les associés en nom une action pour obtenir le remboursement de tout ce qui excède le montant de sa mise. Ce n'est qu'à l'égard des créanciers qu'il perd, à raison de son immixtion, le droit de n'être tenu que jusqu'à concurrence de la somme qu'il a promis de verser dans la société.

Nous ferons enfin observer que la loi n'interdit aux commanditaires que les actes de gestion ou d'administration par suite desquels il existerait des rapports entre eux et les tiers; en un mot, ils ne peuvent pas participer aux actes de gestion extérieurs et patents.

Mais ils ont le droit de prendre part aux actes qui ne constituent que des rapports intérieurs avec leurs coassociés.

18. — Lorsque la société en commandite cesse ses paiements, les créanciers de la société peuvent réclamer des commanditaires les sommes qu'ils n'ont pas encore versées. Ils peuvent même les poursuivre par une action directe, et ils n'ont pas seulement l'action oblique ou indirecte résultant de l'art. 1166 C. N., c'est-à-dire comme exerçant les droits de la société. Les commanditaires sont, en effet, des associés; or, ils sont, en cette qualité, tenus des dettes sociales jusqu'à concurrence de leur mise par une obligation directe. En outre, le gérant est le mandataire des commanditaires; or, les mandants sont obligés directement par les actes de leurs mandataires. Ainsi, soit comme associés, soit comme mandants, ils sont passibles de l'action directe des créanciers (1).

Les créanciers ont le droit de poursuivre les commanditaires commercialement, c'est-à-dire devant les tribunaux de commerce, pour les forcer au paiement de leur mise, et ils obtiendront contre eux la contrainte par corps. C'est, en effet, une opération commerciale que celle qui consiste à verser, à titre de commandite, des fonds dans une entreprise commerciale en vue de prendre part aux bénéfices qui en résulteront.

(1) Voy. *Répétitions écrites sur le Code de commerce*, 2e édition, p. 74; —Rej., 30 juillet 1851; Dev., 1851. 1. 696.

C'est à la qualité de la dette, et non à la qualité du débiteur, que l'art. 1er de la loi du 17 avril 1832 attache la sanction de la contrainte par corps (1).

19. — Une dernière difficulté que nous mentionnerons ici est celle de savoir si les commanditaires peuvent être contraints à rapporter les bénéfices qu'ils ont touchés sans fraude pendant la durée de la société. Ils ne sont pas, selon nous, obligés au rapport. Lors de la rédaction de l'art. 26 C. comm., on rejeta la proposition qui avait été faite de consacrer cette obligation. Aussi cet article limite-t-il la responsabilité du commanditaire *aux fonds* qu'il a mis ou dû mettre dans la société. Le capital doit donc seul appartenir aux créanciers. Il serait par trop rigoureux d'obliger des actionnaires à rapporter des dividendes qui auraient servi à leurs dépenses, à leurs besoins journaliers (2).

Nous examinerons, en expliquant la loi nouvelle, la question de savoir si les actionnaires sont tenus au rapport des dividendes fictifs.

20. — Les sociétés en commandite par actions se dissolvent en général par les mêmes causes qui produisent la dissolution des autres sociétés : ainsi, l'expiration du temps pour lequel la société a été formée, l'extinction de la chose ou la consommation de la négociation, le mutuel consentement des associés, mettront fin à la société.

La Cour de cassation a décidé, contrairement à l'opinion des auteurs, qu'une société en commandite n'était pas dissoute de plein droit par sa propre faillite (3).

La Cour de Lyon a jugé que le droit qui appartient à chaque associé de provoquer la dissolution de la société d'une durée illimitée par la seule expression de la volonté de ne pas rester associé, n'est point attribué aux commanditaires (4).

La mort du gérant d'une société en commandite produit la dissolution de cette société, car sa personne a nécessairement été prise en considération. La société ne s'est formée qu'en

(1) Rej., 28 février 1844; Dev., 1844. 1. 692; Dall. p., 1844. 1. 145; P., 1844. 2. 644. — (2) Voy. *Répétitions écrites sur le Code de commerce*, p. 76. — (3) Rej., 9 mai 1854. *Journal du Droit commercial*, 1855, 2e partie, p. 2 et suiv. — (4) 7 février 1849; Dev., 1849. 2. 435.

vue de ses qualités personnelles, de sa loyauté, de son intelligence en affaires (1).

Cependant, selon la cour de Paris, la révocation du gérant n'entraîne pas de plein droit la dissolution de la société, la loi n'ayant pas placé ce fait au nombre de ceux qui produisent la dissolution (2).

Quand une société en commandite est formée par actions, la mort de l'un des commanditaires n'est pas une cause de dissolution de cette société. La personne et le caractère des commanditaires n'ont aucunement été pris en considération. Chacun des actionnaires pouvant se substituer qui bon lui semble sans l'autorisation des autres associés, pourquoi les héritiers ne pourraient-ils pas le remplacer aussi bien qu'un cessionnaire quelconque (3)?

Tels sont, en substance, les principes généraux qui sont applicables à la société en commandite par actions, et que le législateur de 1856 n'a pas eu l'intention d'abroger.

21. — Cette espèce de société, par suite des développements qu'elle a reçus depuis la promulgation du Code de commerce, exigeait d'autres règles que celles qui régissent la société en commandite ordinaire.

Depuis plusieurs années des entreprises scandaleuses, des abus flagrants avaient éveillé la sollicitude de nos législateurs.

Sous le règne de Louis-Philippe, il fut élaboré un projet de loi dont les bases avaient été posées par une commission composée d'hommes éminents dans l'administration, dans la magistrature, dans le barreau (4). L'exposé des motifs de ce pro-

(1) Bécane, *Questions sur les sociétés*, p. 38. — (2) 28 février 1850; Dev., 2. 447. — *Contra* Delangle, *Des Sociétés*, t. Ier, n° 176. — (3) Pardessus, n° 1057. — (4) Cette commission se composait de MM. Parant, sous-secrétaire d'Etat au ministère de la justice, député; comte d'Argout, pair de France, gouverneur de la Banque; Maillard, Vincens et Vivien, conseillers d'Etat; Lasagny, conseiller à la Cour de cassation; Aubé, ancien président du tribunal de commerce; Horson et Teste, avocats à la Cour royale; Rielle, directeur du mouvement des fonds au ministère des finances; Vandermarcq, syndic des agents de change; M. Sacase, avocat, remplissait les fonctions de secrétaire. MM. Barthe, garde-des-sceaux, Lacave-Laplagne, ministre des finances, et Martin, ministre du commerce et des travaux publics, participaient aux travaux de la commission.

jet fut présenté à la Chambre des députés par M. Barthe, ministre de la justice, dans la séance du 15 février 1838.

Trois systèmes étaient, à cette époque, en présence, pour apporter un remède à l'état de choses qui avait si vivement ému les esprits.

Les uns voulaient soumettre les commandites par actions à l'autorisation préalable, comme les sociétés anonymes; d'autres, les interdire; d'autres enfin, en maintenir la libre formation, mais à des conditions déterminées par la loi.

Le projet de loi prohibait la division en actions du capital des sociétés en commandite, et traçait quelques règles sur les sociétés anonymes (1).

La commission de la Chambre des députés, après avoir entendu des hommes d'une grande expérience commerciale et profité des travaux publiés sur la matière par de savants écrivains, se montra moins radicale dans ses réformes.

L'un de ces écrivains, économiste et adversaire de l'autorisation préventive, M. Wolowski, dans ses observations critiques sur le projet de loi primitif, disait : « Se livrer à une investigation attentive des vices révélés dans la pratique de la commandite par actions; élaborer les règles propres à faire disparaître ces graves inconvénients, tout en respectant la liberté de l'industrie, c'est suivre la voie de l'avenir. Déplacer les difficultés qu'on n'ose point aborder en face, étouffer le principe faute de savoir en régler les conséquences, détruire au lieu d'organiser, c'est manquer à ses devoirs de législateur et céder à l'entraînement d'une véritable paresse de conception (2). »

M. Wolowski démontra fort bien le danger qu'il y aurait à gêner par des règlements étroits le développement d'une institution qui avait fait de rapides progrès dans le champ du commerce et de l'industrie.

Il fit observer avec beaucoup de sens que c'était de l'organisation des sociétés en commandite par actions, de leur régime intérieur que l'on devait s'occuper avant tout, et non

(1) Voyez l'exposé des motifs et le projet dans le *Moniteur* du 16 février 1838, p. 312 et suiv. — (2) *Des Sociétés par actions*, Revue de législation, t. VII, année 1837, p. 272.

pas de leurs rapports extérieurs. « On voit, disait-il, des apports ridiculement exagérés, qui servent à faire consommer une vente très-fructueuse, sous l'apparence d'un contrat de société. — On voit une propriété immatérielle, une idée, une invention souvent la plus ridicule, la plus vaine, destinée infailliblement à avorter dans l'exécution, se poser comme une valeur assise, déterminée, considérable, et s'échanger contre des *actions industrielles* qui, modifiées à dessein dans leur nature, prennent rang à l'égal des actions de capital, participent à tous les bénéfices, et même, lorsque la société tombe, viennent disputer à ceux qui ont éprouvé des pertes matérielles par la vaine confiance que cette idée, que cette invention leur avait inspirée, les débris du capital social. — On voit des répartitions frauduleuses de prétendus bénéfices pris sur le capital même, et le paiement régulier d'intérêts puisés à la même source, qui font croire à une prospérité mensongère et facilitent l'écoulement des actions par l'appât d'un profit imaginaire. — On voit, enfin, les gérants exercer un pouvoir absolu et sans contrôle; disposer à leur guise du capital de leurs associés, dont ils ne sont en réalité que les mandataires; persévérer, nonobstant des conseils et des avis impuissants, dans une exploitation évidemment ruineuse, pourvu qu'ils y trouvent un bénéfice personnel; affranchis de toute espèce de surveillance, par la terreur qu'inspire aux commanditaires une loi obscure, mal définie et qui englobe dans ses termes ambigus leurs actes les plus insignifiants ou les plus utiles, en faisant sans cesse peser sur leur tête la responsabilité solidaire (fruit de l'immixtion dans la gestion), véritable épée de Damoclès, dont ils s'efforcent d'éviter l'atteinte, en se condamnant à un rôle passif et muet. — Tels sont les vices véritables qui soulèvent une réprobation unanime; voici la plaie qui saigne et qu'il importe de cicatriser (1). »

Dans son remarquable travail, M. Wolowski s'occupait de tout ce qui a trait à la constitution de la société, au règlement de l'apport, aux obligations des gérants, à la répartition des bénéfices, au rapport des dividendes, aux obligations des actionnaires (2).

(1) *Loc. cit.*, p. 286 et suiv. — (2) *Loc. cit.*, p. 297 et suiv.

La commission de la Chambre des députés de 1838, en amendant le projet de loi primitif, adopta plusieurs vues du savant économiste.

Elle substitua au projet primitif un nouveau travail qui conservait les sociétés en commandite par actions nominatives, prohibait la création des actions au porteur (bien que M. Wolowski eût parfaitement démontré que c'était un mauvais moyen d'obvier au fâcheux état de la commandite que de supprimer les actions au porteur), et renfermait des dispositions préventives et répressives pour opposer une barrière aux abus signalés (1).

La discussion sur le projet de la commission ne put commencer, parce qu'on était à une époque très-rapprochée du terme de la session. D'autres objets attirèrent l'attention dans la session suivante, et les réformes projetées furent oubliées.

22. — Les législateurs de 1856 ont repris l'œuvre de ceux de 1838; il ont reproduit plusieurs dispositions du projet amendé par la commission de la Chambre des députés et fait à ce projet de notables additions ou d'importantes modifications.

Protestant de leur respect pour le grand principe de la liberté de l'industrie, et reconnaissant les immenses services que la société en commandite par actions a rendus au monde industriel, ils n'ont pas pensé à en supprimer l'usage; ils ont préféré maintenir la liberté de former des associations de ce genre, en organisant des mesures contre les abus, la fraude et la mauvaise foi.

23. — Dans ce but, la loi nouvelle règle la constitution de la société, la valeur, la forme, l'émission et la négociation des actions, renferme des dispositions sur les apports, la nomination, les attributions et les devoirs des conseils de surveillance, prononce des peines contre les infractions à ses prescriptions, contre les distributions de dividendes fictifs et d'autres faits répréhensibles.

Et d'abord, la société ne peut être définitivement constituée qu'après la souscription de la totalité du capital social et le

(1) Voyez le projet présenté par la commission, *Moniteur* du 24 avril 1838, p. 1000 et suiv., et le rapport fait par M. Legentil à la Chambre des députés dans la séance du 23 avril; *Moniteur* du 25 avril 1838, p. 1009.

versement par chaque actionnaire du quart au moins du montant des actions par lui souscrites (art. 1er, 2e alin.).

Afin de diminuer les abus résultant de l'exagération des apports et des avantages que se réservent certains fondateurs de sociétés, lorsqu'un associé fait un apport qui ne consiste pas en numéraire, ou stipule à son profit des avantages particuliers, il faut que l'assemblée générale des actionnaires en fasse vérifier et apprécier la valeur. La société n'est définitivement constituée qu'après l'approbation dans une réunion ultérieure de l'assemblée générale (art. 4, 1er et 2e alin.).

Le fondateur d'une société ne pourra plus désormais estimer à son gré la valeur de son apport et fixer à sa volonté les avantages qu'il stipulera.

Une limite est imposée à la division des actions (art. 1er, 1er alin.). — Elles ne peuvent être au porteur tant qu'elles ne sont pas entièrement libérées (art. 2).

Toujours dans le but de frapper plus sûrement l'agiotage, le législateur ne s'est pas contenté de rappeler par une disposition expresse le principe de droit commun d'après lequel les souscripteurs d'actions sont responsables du montant intégral des actions qu'ils ont souscrites (art. 3, 1er alin.); il a encore restreint la liberté d'en disposer en décidant qu'elles ne seront négociables, c'est-à-dire transmissibles par les voies commerciales, qu'après le versement des deux cinquièmes (art. 3, 2e alin.).

La loi punit l'émission d'actions d'une société constituée contrairement à ses dispositions (art. 11); réprime la négociation d'actions pour la valeur ou la forme desquelles on ne se serait pas conformé à ce qu'elle prescrit; punit la publication de leur valeur (art. 12).

Toute société en commandite par actions doit être pourvue d'un conseil de surveillance composé d'actionnaires et nommé par l'assemblée générale immédiatement après la constitution définitive de la société et avant toute opération sociale (art. 5, 1er et 2e alin.).

Le droit et le devoir des membres de ce conseil sont déterminés (art. 8). Le conseil est armé du droit de convoquer l'assemblée et de provoquer la dissolution de la société (art. 9).

Une grave responsabilité est imposée aux membres des conseils de surveillance. Deux sortes de pénalités sont édictées : les unes peuvent être encourues par suite de l'inobservation des règles prescrites pour la constitution de la société (art. 7, 1er alin.); les autres, lorsque les membres du conseil ont sciemment laissé commettre dans les inventaires des énonciations ou omissions frauduleuses, préjudiciables à la société ou aux tiers, ou bien, lorsqu'ils ont en connaissance de cause consenti à la distribution de dividendes non justifiés par des inventaires sincères et réguliers (art. 10).

Une sanction rigoureuse, celle de la nullité de la société, a pour but d'assurer l'observation des règles renfermées dans les cinq premiers articles de la loi (art. 6).

Des peines assez graves sont prononcées contre des manœuvres coupables que l'on avait trop souvent remarquées, telles que les simulations de souscriptions ou de versements, dans le but d'en obtenir les répartitions faites par les gérants de dividendes non réellement acquis à la société, en l'absence d'inventaires ou au moyen d'inventaires frauduleux. (V. art. 13.)

Enfin, une disposition spéciale, qui aura pour effet de diminuer les lenteurs, les frais et les embarras, permet aux actionnaires, en cas de contestation entre eux et les gérants ou les membres du conseil de surveillance, de se faire représenter par des commissaires (art. 14).

Voilà la physionomie de la loi nouvelle, l'ensemble de ses dispositions essentielles.

24. — Le législateur de 1856, on le voit, s'est livré à une sévère investigation des abus qui s'étaient produits et a tracé des règles assez nombreuses dans le but de les diminuer ou d'en empêcher le retour. « Que fait donc la loi nouvelle? disait M. le rapporteur Langlais : elle prévient la fraude, elle la saisit sous quelques-unes de ses formes les plus habituelles; elle oblige les fondateurs des sociétés à la sagesse et à l'honnêteté; elle invite les actionnaires à l'examen et à la prudence; elle diminue et réprime l'agiotage; elle entrave la création des sociétés frauduleuses; elle institue une surveillance efficace; elle tend à substituer, autant que possible, la vérité et la loyauté au dol et au mensonge. »

25. — Quelques auteurs, et notamment un jurisconsulte éminent dont les appréciations sont assez souvent prises en considération par nos modernes législateurs, pensaient cependant que c'était à tort que l'on avait fait le procès à la loi, et s'applaudissaient de ce que tous les projets de réformes mis au jour en 1837 et 1838 étaient oubliés. Partisans du *statu quo*, ils estimaient qu'il était parfaitement inutile que des prohibitions, des nullités fussent édictées par une nouvelle loi. Il suffisait de s'en remettre à la prudence des particuliers pour surveiller leurs intérêts, à la sagesse du Code de commerce ou à la jurisprudence pour terminer ou résoudre les difficultés, et aux tribunaux de police correctionnelle pour châtier les intrigants (1). « Convaincu comme je le suis, disait M. le président Troplong, que notre loi sur les sociétés civiles et commerciales est le fruit d'une longue expérience; qu'elle a été mûrie par les épreuves les plus décisives, par les combinaisons pratiques les plus variées et les plus ingénieuses; qu'elle est la formule de tout ce que le passé a accumulé de faits considérables en économie et en industrie, j'ai foi en sa sagesse; et, quoique je reconnaisse en elle quelques défauts secondaires, je ne me laisse pas aller à des désirs de changements plus rétrogrades que progressifs; je me contente d'en appeler à la jurisprudence pour tous les cas où il est permis de corriger des contours vicieux, des traits sans harmonie. »

Le législateur en a décidé autrement. Il a pensé que les dispositions du Code de commerce et celles du Code pénal étaient impuissantes pour mettre un frein au jeu, à l'agiotage, au dol et aux fraudes variées et nombreuses que la pratique des sociétés en commandite par actions avait révélées. Il a voulu, tout en maintenant autant que possible le principe de la liberté dans la formation des contrats et en conservant les commandites par actions, leur donner le caractère sérieux qu'elles doivent avoir, les *moraliser*.

Il a pensé, enfin, que, malgré l'organisation des mesures préventives et répressives de la loi nouvelle, il resterait encore

(1) Voyez M. Troplong, préface *Des Sociétés*.

assez à faire même pour les actionnaires prudents et circonspects.

26. — Toutefois, des critiques assez vives ont surgi contre les règles de la loi du 17 juillet 1856. Les uns ont blâmé la disposition qui supprime la faculté de fractionner le capital social au delà d'une certaine limite, et refuse ainsi aux petits capitalistes le droit de placer leurs économies dans l'industrie. Il est dangereux, a-t-on dit, de toucher, sous un prétexte quelconque d'ordre public, aux libertés civiles et sociales. On ne doit pas empêcher les citoyens qui n'ont que 100 francs à leur disposition de prendre part aux entreprises qui leur paraissent offrir des avantages. On ne peut les tenir en état de minorité parce qu'ils n'ont qu'un modique capital. Chacun dispose de ce qu'il a comme il l'entend.

On a vu aussi de graves inconvénients dans la disposition qui veut que les actions soient nominatives jusqu'à leur entière libération : on a craint que cette restriction ne fût une entrave à la formation des sociétés.

La responsabilité imposée aux actionnaires jusqu'au versement complet du montant des actions a paru à quelques personnes une disposition rigoureuse qui empêcherait ces actions de circuler librement.

D'autres ont pensé que les prescriptions de l'art. 4, relatives à la vérification des apports, portaient atteinte à la liberté des conventions, mettaient une partie des contractants à la discrétion des autres, et étaient de nature à faire naître dans la pratique de graves difficultés.

L'appréciation des avantages particuliers alloués aux fondateurs des sociétés a semblé devoir, dans certains cas, entraîner de notables inconvénients.

Enfin, c'est surtout contre la responsabilité et les devoirs imposés aux membres des conseils de surveillance que de nombreuses attaques ont été dirigées. On a craint que les dispositions qui consacrent ces obligations n'éloignassent des conseils les personnes honorables, et que les sociétés en commandite ne se trouvassent réduites à accepter pour membres de ces conseils des hommes qui n'offriraient pas toutes les garanties désirables, ou à rétribuer ceux qui voudraient bien accepter ces périlleuses fonctions; ce qui supprimerait, de la part des conseils de surveillance, toute indépendance.

Il est encore d'autres reproches qui ont été faits ou que l'on pourrait peut-être adresser à certaines défectuosités. Mais nous devons nous abstenir ici de toute appréciation. Quand une loi vient d'être promulguée, quand des législateurs, après avoir profité des documents fournis par leurs prédécesseurs et par les hommes les plus compétents, ont prononcé, il y aurait de l'imprudence et de la témérité à ne pas attendre que leurs prescriptions aient subi l'épreuve de l'expérience et du temps.

Si cependant, plus tard, il arrivait que, par suite de l'application de quelques-unes des règles de la loi nouvelle, la société en commandite fût entravée dans ses développements, menacée dans son existence; s'il arrivait que les grands capitaux obtinssent un monopole au détriment des petits, ce serait un devoir pour tous les esprits sérieux qui s'intéressent aux destinées du commerce et de l'industrie, de rechercher et de signaler de nouveaux remèdes, qui, sans s'écarter des grands principes de moralité invoqués par les rédacteurs de la loi du 17 juillet 1856, seraient plus conformes aux exigences de notre civilisation moderne.

Article Ier.

Valeur des actions ou coupons d'actions. — Souscription de la totalité du capital social. — Versement que chaque actionnaire doit faire. — Déclaration notariée du gérant. — Pièces et acte annexés à la déclaration.

« Les sociétés en commandite ne peuvent diviser leur capital en actions ou coupons d'actions de moins de 100 fr. lorsque ce capital n'excède pas 200,000 fr., et de moins de 500 fr. lorsqu'il est supérieur.

« Elles ne peuvent être définitivement constituées qu'après la souscription de la totalité du capital social et le versement par chaque actionnaire du quart au moins du montant des actions par lui souscrites.

« Cette souscription et ces versements sont constatés par une déclaration du gérant dans un acte notarié ;

« A cette déclaration sont annexés la liste des souscripteurs, l'état des versements faits par eux et l'acte de société. »

SOMMAIRE.

27. Limites au-dessous desquelles ne peuvent descendre les fractions du capital social. — Motifs.
28. Suite. — Coupons d'actions.
29. Les règles précédentes ne s'appliquent pas aux sociétés anonymes.
29 *bis*. *Quid* des sociétés civiles en commandite par actions?
30. Double condition pour la constitution de la société. — Motifs.
31. Peut-on stipuler dans l'acte de société qu'une portion seulement du capital sera émise, en accordant au gérant la faculté de faire émission d'une nouvelle série d'actions? Solution négative.
32. La clause qui permet de porter le capital social à une somme plus élevée que le capital primitif, au moyen d'une nouvelle émission d'actions, est-elle licite? Solution affirmative.
33. La loi nouvelle prohibe-t-elle les actions de prime? Solution négative.
34. *Quid* si le versement effectué par une partie des actionnaires compensait le déficit existant dans celui des autres?
35. Mode de réalisation du quart du montant des actions de chaque souscripteur.
36. Quelles actions la loi a-t-elle principalement en vue en exigeant le versement du quart? — *Quid* des actions de capital représentées par des valeurs mobilières ou immobilières autres que l'argent? — *Quid* des actions industrielles?
37. Déclaration notariée du gérant. — Liste des souscripteurs. — Etat des versements. — Dépôt de l'acte de société. — Motifs.
38. Importance des dispositions de l'art. 1er.

EXPLICATION.

27. — La faculté que l'art. 38 C. comm. laissait de diviser en actions le capital d'une société en commandite, sans fixer une limite au-dessous de laquelle ces fractions ne pourraient descendre, avait conduit à émettre des actions de la plus faible somme. On avait vu des actions de 20 fr., de 5 fr. et même de 1 fr. De semblables valeurs, que l'on propageait en multipliant les moyens d'annonces et de publicité, s'adressaient évidemment,

a-t-on dit, aux plus petites bourses, à cette partie de la population qui était souvent le moins capable de distinguer les entreprises sérieuses de ces opérations presque toujours extravagantes auxquelles on la conviait. Les actions, dans ce cas, n'étaient émises que pour servir d'aliment au jeu et à l'agiotage (1). « Ce ne sont plus des actions, disait M. Langlais, ce sont des billets de loterie. »

Pour parer à ces inconvénients, le premier alinéa de notre article dispose que les actions ne doivent pas être d'une valeur moindre de 500 fr. quand le capital social est supérieur à 200,000 fr. Si le capital n'excède pas ce dernier chiffre, elles ne peuvent être d'une somme inférieure à 100 fr.

28. — Les coupons d'actions représentent des fractions de l'action elle-même, telles que la moitié ou le quart. Cette subdivision du capital a pour but de faciliter la négociation des actions. Or, ce ne sont pas seulement les actions, mais encore les coupons d'actions qui ne peuvent descendre au-dessous des limites déterminées par la loi. Lorsque le capital social n'excèdera pas 200,000 fr., si l'on veut émettre des coupons de 100 fr., il faudra nécessairement que les actions soient d'une valeur supérieure à cette somme.

29. — C'est seulement pour les sociétés en commandite que la loi est faite et assigne un minimum à la valeur des actions ou coupons d'actions. Les sociétés anonymes ne sont pas comprises dans la disposition de la loi nouvelle. La nullité de ces sociétés ne pourrait donc pas être prononcée comme elle peut l'être lorsqu'il s'agit d'une société en commandite dans laquelle la règle dont nous venons de parler n'aurait pas été observée. (Voy. art. 6.) Mais il est probable que le gouvernement n'autoriserait pas une société anonyme qui aurait fractionné son capital en des valeurs inférieures à celles qui sont prescrites par la loi du 17 juillet 1856.

29 *bis*. — On peut demander si les dispositions de la loi sont applicables aux sociétés civiles en commandite par actions. On le sait, ce n'est pas la forme sous laquelle une société est constituée qui lui donne le caractère civil ou commercial;

(1) Voyez l'exposé des motifs et le rapport.

c'est son objet. Nous n'admettons pas, ainsi que le décide M. Troplong (1), que les parties puissent, par une déclaration expresse, dépouiller une société de son caractère civil pour en faire une société commerciale.

Une société dont l'objet ne serait pas commercial serait une société civile, quand même elle serait constituée sous la forme d'une société en commandite par actions, et quelles que soient les stipulations des parties, qui ne peuvent, lorsqu'elles ne sont pas commerçantes, s'assujettir par leurs conventions aux dispositions rigoureuses qui régissent les actes de commerce. Du reste, le cas de société civile en commandite par actions se présentera assez rarement, bien qu'on puisse en citer quelques exemples (2).

On pourrait soutenir que les sociétés dont l'objet est purement civil ne sont pas soumises aux prescriptions de la loi nouvelle. C'est, en effet, des sociétés commerciales et industrielles que nos législateurs se sont préoccupés. On peut ajouter que plusieurs dispositions de la loi du 17 juillet 1856 indiquent que les sociétés civiles n'y sont pas assujetties. Ainsi, par exemple, les art. 7 et 10 déclarent les membres des conseils de surveillance responsables solidairement et *par corps* avec les gérants, dans les cas qu'ils prévoient. De même, et lorsqu'il s'agit des commissaires à nommer pour les contestations, l'art. 14 suppose, dans l'hypothèse prévue par son troisième alinéa, que c'est *le tribunal de commerce* qui les désigne, parce que c'est devant ce tribunal que l'action doit être portée. Or, il n'en peut être ainsi qu'en raison de ce que la loi suppose que la société est commerciale.

Néanmoins, nous n'admettons pas cette solution. Les textes de la loi nouvelle sont généraux et doivent s'appliquer à toutes les sociétés en commandite par actions, quel que soit leur objet. Sans doute, le législateur a porté son attention surtout sur les sociétés commerciales, parce que, comme nous l'avons dit, les sociétés civiles en commandite par actions sont peu usitées. Mais il ne faut pas croire qu'il ait laissé ces dernières en dehors de ses prescriptions. On peut, au besoin, en trouver

(1) *Sociétés*, n° 331. — (2) Voy. *Répétitions écrites sur le Code de commerce*, p. 54 et suiv.

la preuve dans les paroles du rapport. En expliquant le motif de l'exception que le premier alinéa de l'art. 1er fait au chiffre de 500 fr. établi comme limite du fractionnement du capital, M. le rapporteur Langlais disait que cette exception tournerait au profit de ces entreprises modestes réclamées par l'intérêt communal ou départemental, et *qui sont inspirées bien moins par la spéculation que par le patriotisme local.* Ainsi, une société en commandite par actions est formée par des personnes qui veulent contribuer à l'embellissement de leur ville, ouvrir une belle rue, acheter de vieilles maisons pour les démolir et les reconstruire, dans le but de les revendre ou de les louer. Voilà, sans doute, une des hypothèses que M. le rapporteur avait présentes à la pensée. Or, une semblable société n'a aucun caractère commercial. C'est ce que la Cour de Paris a décidé par arrêt du 28 août 1841 (1).

30. — Le Code de commerce, en ne traçant aucune règle sur le moment où la société en commandite par actions était valablement constituée, laissait encore la porte ouverte à d'autres abus : « Le fondateur d'une société, disait M. le rapporteur Langlais, émet ses actions et appelle le public. Les actionnaires viennent, mais en petit nombre; l'affaire n'en est pas moins constituée, soit dans l'intérêt seul du gérant, soit qu'on se berce d'espérance et d'illusions.

« L'entreprise prend ainsi aux yeux du public une apparence trompeuse de vitalité, on marche, on attend vainement les capitaux qui ne viennent pas, et l'on va, de déceptions en déceptions, jusqu'à la ruine et à la faillite. »

Le second alinéa de l'art. 1er apporte deux remèdes qui, sans tarir la source de ces abus, auront cependant quelque efficacité : une société en commandite par actions ne sera désormais constituée que sous la double condition : 1° qu'il y aura des souscripteurs pour la totalité du capital social; 2° que chaque actionnaire aura versé le quart au moins du montant des actions par lui souscrites. La souscription de toutes les actions indique, d'une part, que l'entreprise est sérieuse, et, d'un autre côté, le versement du quart par chaque actionnaire

(1) *Gazette des Tribunaux* du 16 septembre 1841.

est, dans une certaine mesure, une garantie pour les souscripteurs et pour les tiers.

31. — On stipule quelquefois dans les actes de société qu'une portion seulement du capital social sera émise provisoirement, et on accorde au gérant, soit seul, soit avec l'autorisation du conseil de surveillance, la faculté de faire émission d'une nouvelle série d'actions. La commission du Corps Législatif avait proposé de subordonner cette émission à la double condition que le capital primitif fût recouvré en totalité et que l'assemblée générale des actionnaires eût donné une autorisation. Cet amendement fut rejeté par le Conseil d'Etat (1). En résulte-t-il qu'une semblable stipulation serait permise sous l'empire de la loi actuelle? Nous ne le pensons pas. Les termes du second alinéa de l'art. 1er disposent que la société n'est définitivement constituée qu'*après la souscription de la totalité du capital social*. Il faut donc que toutes les actions soient émises. Le gérant ne peut donc pas émettre une nouvelle série d'actions, même en subordonnant cette faculté à la double condition prescrite par l'amendement de la commission.

32. — Mais il ne faut pas confondre avec la stipulation dont nous venons de parler une autre clause qui est insérée assez fréquemment dans les actes de société : c'est celle par laquelle on stipule que le capital social pourra être porté, si les convenances de l'entreprise le demandent, à une somme plus élevée que le capital actuel, par le moyen d'une nouvelle émission d'actions : « Vu la gravité d'une telle mesure, dit M. Troplong (2), il est convenable de réserver dans l'acte constitutif de la société que cette augmentation doit être arrêtée par une assemblée générale des actionnaires qui fixe le nombre des actions à émettre et les époques de leur paiement. La délibération de l'assemblée oblige dans ce cas la minorité dissidente. »

Une semblable clause peut aujourd'hui encore être valablement insérée dans les actes de société : le second alinéa de notre article n'a évidemment trait qu'au capital primitif, et le législateur n'a pas eu l'intention de prohiber des stipulations

(1) Voy. le rapport. — (2) *Sociétés*, n° 188.

favorables au développement et au succès des entreprises commerciales.

L'art. 15 du projet de loi amendé par la commission de la Chambre des députés en 1838 portait que, dans le cas où une nouvelle émission d'actions serait prévue par l'acte de société, cette émission n'aurait lieu qu'après avoir été autorisée en assemblée générale par un concours d'actionnaires formant la majorité des votes émis dans cette assemblée et représentant au moins les trois quarts du fonds social. Cette disposition n'a pas été reproduite par la loi nouvelle. Il ne faut pas en conclure que les rédacteurs de cette loi ont eu la pensée d'exclure la clause dont nous avons parlé; ils ont seulement voulu la laisser sous l'empire des principes admis auparavant.

33. — Toutes les actions doivent-elles être payantes? ou bien peut-il y avoir sous la loi actuelle ce qu'on appelle des actions de *prime?* Il semblerait au premier abord que la loi, en exigeant pour la constitution définitive de la société la *souscription* de la totalité du capital social, a voulu exclure les actions qui sont souvent délivrées, comme nous l'avons déjà dit, à ceux qui concourent à l'organisation et au succès d'une opération. Toutefois, le texte du 2e alinéa de l'art. 1er n'est pas assez formel pour qu'on puisse y voir la prohibition des actions de prime. C'est un usage que le législateur a respecté, malgré les abus qui peuvent quelquefois en résulter.

34. — Que devrait-on décider si, parmi les actionnaires, les uns ayant versé plus du quart du montant des actions par eux souscrites, et les autres une somme inférieure au quart, il se trouvait cependant que l'excédant de versements effectué par les premiers compensât le déficit existant dans ceux des seconds, de telle sorte que le quart au moins du capital social fût réalisé? Cela ne serait point suffisant : aux termes du second alinéa de notre article, ce qui doit être versé ce n'est pas le quart du montant des actions, mais bien le quart par *chaque actionnaire* du montant des actions *par lui souscrites.*

35. — L'argent monnayé est le mode de réalisation le plus usuel et le plus général. Cependant nous pensons qu'il serait suffisamment satisfait aux prescriptions de la loi si les verse-

ments des actions payantes étaient effectués en des valeurs telles que les billets de banque, par exemple.

36. — Le projet élaboré par le Conseil d'Etat ordonnait la réalisation, entre les mains des gérants, du quart au moins *de la partie du capital social consistant en numéraire.* D'après un amendement proposé par la commission et adopté par le Conseil d'Etat, la loi ordonne, comme nous venons de l'expliquer, le versement par chaque actionnaire du quart au moins du montant des actions par lui souscrites.

Cette disposition a surtout en vue les actions payantes, c'est-à-dire celles qui sont soldées en numéraire. Les actions de capital qui sont représentées par d'autres valeurs mobilières ou immobilières sont presque toujours acquittées par l'apport immédiat de la totalité de ces valeurs. Souvent même cet apport ne peut être scindé, en raison de la nature des choses qui le constituent.

Néanmoins, la disposition de la loi qui exige le versement du quart embrasse également le cas où des actions auraient été délivrées en représentation de choses divisibles autres que l'argent monnayé.

Ainsi, la rédaction de cette disposition, telle qu'elle a été amendée par la commission du Corps Législatif, augmente la garantie que le législateur voulait prescrire, puisque ce n'est pas seulement le quart au moins de la partie du capital consistant en numéraire qui doit être réalisé, mais bien le quart au moins de tout le capital social.

Quant aux actions qui représentent le capital industriel et dont la valeur est fournie par l'apport de l'industrie des travailleurs, elles ne sont pas comprises dans la disposition qui nous occupe. La nature même des choses s'y oppose.

Du reste, il est d'usage de stipuler que ces actions resteront déposées pendant toute la durée de la société, afin de donner à l'entreprise une garantie contre le refus de concours des actionnaires travailleurs.

37. — La souscription de la totalité du capital social et le versement préalable du quart par chaque actionnaire doivent être l'objet d'une déclaration notariée faite par le gérant, qui est tenu d'annexer à sa déclaration la liste des souscripteurs,

c'est-à-dire leurs noms, professions et demeures, et l'état des versements faits par eux. Ces pièces sont une preuve à l'appui de la sincérité de la déclaration et un document utile, en cas de poursuite des premiers souscripteurs pour défaut de paiement des actions (1).

On doit aussi, dans l'intérêt des actionnaires, annexer à la déclaration du gérant l'acte de société, soit sous seing privé, soit authentique (alin. 2 et 3, art. 1er).

38. — Les prescriptions de l'art. 1er sont importantes : on doit les observer d'autant plus rigoureusement qu'un article suivant (l'art. 6) prononce la nullité de toute société en commandite par actions constituée contrairement à l'une de ces prescriptions.

Article II.

Forme des actions.

« Les actions des sociétés en commandite sont nominatives jusqu'à leur entière libération. »

SOMMAIRE.

39. Des actions au porteur dans les sociétés en commandite sous le Code de commerce.
40. Disposition de la loi nouvelle. — Motifs.
41. Peut-on créer des actions transmissibles par endossement avant l'entière libération? — *Quid* si le versement des deux cinquièmes n'a pas été effectué ?
42. Pour que les titres nominatifs puissent être convertis en actions au porteur, il faut que toutes les actions soient libérées.

EXPLICATION.

39. — Une question qui fut vivement agitée sous l'empire du Code de commerce était celle de savoir si les actions des sociétés en commandite pouvaient être au porteur, c'est-à-dire transmissibles par la simple remise du titre, ou si, au contraire, elles ne devaient pas être nominatives, en d'autres

(1) Rapport.

termes, si elles ne devaient pas mentionner expressément les noms et prénoms des actionnaires.

L'opinion qui était le plus généralement adoptée dans la doctrine, et que des arrêts avaient consacrée, était celle qui décidait que les actions d'une société en commandite pouvaient être au porteur aussi bien que celles d'une société anonyme.

Le texte de l'art. 38 C. comm. était très-favorable à cette interprétation.

40. — La commission de la Chambre des députés avait, en 1838, proposé d'interdire l'émission des actions au porteur dans les sociétés en commandite. Un amendement fut proposé dans le même sens à la commission du Corps Législatif par M. Millet (1).

Le législateur de 1856, sachant que ce mode d'actions était entré dans les habitudes du commerce et que c'était un moyen puissant d'attirer les capitaux civils dans l'industrie, n'a pas adopté une mesure aussi radicale. Il s'est arrêté à une combinaison qui aura pour effet de mettre un frein au jeu et à l'agiotage qui se manifestent surtout à l'origine des sociétés en commandite. Tant que les actions ne seront pas entièrement libérées, elles seront nominatives. La conversion des titres nominatifs en actions au porteur ne sera permise qu'après la libération complète. Jusque-là, les titres devant porter les noms des souscripteurs, il ne sera pas possible aux agioteurs de trafiquer en secret. On écartera ainsi des sociétés ces souscripteurs qui ne prenaient des actions dans une société que dans le seul but de les revendre avec prime.

41. — Quelquefois on crée des actions à ordre. Ces actions peuvent être cédées, comme les lettres de change, par un acte très-succinct, écrit sur le titre, et que l'on appelle *endossement*. Cet acte saisit le cessionnaire de la propriété de l'action à l'égard des tiers, sans qu'il soit besoin de signification. Mais l'endosseur ne garantit que l'existence de l'action qu'il cède et sa qualité d'actionnaire.

(1) Les actions au porteur sont proscrites par les art. 56 du Code de commerce hongrois, 22 du Code russe, 23 du Code de Wurtemberg. — *Concordance entre le Code de commerce français et les Codes de commerce étrangers*, par Antoine de Saint-Joseph, Introduction, p. XXI.

Peut-on créer des actions transmissibles par cette voie avant la libération entière des actions? Nous n'en faisons aucun doute. L'action, dans l'espèce, est en effet nominative : le titre indique bien le nom du propriétaire.

Cependant, si cette solution est exacte, ne doit-on pas craindre de voir se renouveler, dans certaines limites, les abus auxquels le législateur a voulu remédier en exigeant que les actions soient nominatives jusqu'à leur libération?

Les propriétaires successifs des actions ne pourront-ils pas, au moyen de l'endossement en blanc, tenir leurs noms cachés, sans que les transmissions laissent beaucoup plus de traces que s'il s'agissait d'une action au porteur? Sans doute le nom du premier endosseur sera écrit sur le titre; mais il en sera autrement des noms de tous les cédants postérieurs.

Toutefois, nous devons faire observer que, d'après le second alinéa de l'art. 3, les actions n'étant négociables, c'est-à-dire transmissibles par les voies commerciales, qu'après le versement des deux cinquièmes, et l'endossement étant une voie éminemment commerciale, il en résulte nécessairement que c'est seulement sous la condition de ce versement que les actions pourraient être ainsi transmises.

D'un autre côté, l'endossement en blanc n'étant pas dans notre droit translatif de propriété à l'égard des tiers (art. 138 C. comm.), plusieurs personnes craindront sans doute de se créer une situation précaire et entourée de périls.

42. — Pour que les titres nominatifs soient convertis en titres au porteur, ne faut-il pas que toutes les actions soient libérées, ou bien la libération des seules actions que l'on voudrait convertir suffirait-elle? Les termes de notre article exigent évidemment la libération de toutes les actions. Cette interprétation est confirmée d'ailleurs par les paroles du rapport : « Plus tard, *le capital sera versé;* l'entreprise aura marché : on saura ce qu'elle produit. Or, l'obligation d'être en nom *jusqu'au versement de tout le capital* tend évidemment à éloigner des sociétés tous ces actionnaires nomades... »

Article III.

Obligation de chaque souscripteur au paiement du montant total des actions par lui souscrites. — Quand les actions ou coupons d'actions sont négociables.

« Les souscripteurs d'actions dans les sociétés en commandite sont, nonobstant toute stipulation contraire, responsables du paiement du montant total des actions par eux souscrites.

« Les actions ou coupons d'actions ne sont négociables qu'après le versement des deux cinquièmes. »

SOMMAIRE.

43. Responsabilité des souscripteurs d'actions. — But de la disposition du 1er alinéa de l'art. 3.
44. *Quid* si, en cas de cession de ses droits par l'actionnaire, le gérant consentait à recevoir le cessionnaire pour seul débiteur?
45. Peut-on dans le titre de souscription subordonner le paiement des actions à une condition résolutoire? Solution affirmative.
46. Suite. — Décision d'un arrêt de la Cour de cassation.
47. Quel est l'effet de la clause par laquelle il est stipulé que les souscripteurs, faute de paiement des fractions de leurs actions aux époques fixées, seront déchus de leurs droits et perdront en tout ou en partie les sommes par eux versées?
48. Les commanditaires peuvent-ils stipuler le remboursement de leurs mises par fractions à des époques fixées? Sous quelle condition.
49. Disposition du 2e alinéa de l'art. 3. — Motifs.
50. La cession selon les voies autorisées par le droit civil est permise avant le versement des deux cinquièmes.
51. La loi ordonne-t-elle le versement des deux cinquièmes du montant de toutes les actions?
52. Sanction en cas d'infraction aux dispositions de l'art. 3.

EXPLICATION.

43. — En déclarant chaque souscripteur originaire responsable du paiement du montant total du prix des actions qu'il a souscrites, le premier alinéa de cet article a pour objet d'atteindre, d'une manière encore plus sûre et plus directe que la disposition de l'article précédent, le but que le législateur s'est proposé, et qui consiste à éloigner des sociétés en commandite

les joueurs et les agioteurs, en y attachant des commanditaires sérieux, permanents et vraiment intéressés à leurs destinées (1).

Du reste, cette responsabilité imposée à chaque souscripteur n'est qu'une conséquence des règles générales qui gouvernent les obligations. D'après les principes du droit commun, en effet, on peut bien céder son droit, mais on ne peut pas céder sa dette sans le consentement du créancier.

On a cependant soutenu, sous l'empire des principes du Code de commerce, que l'actionnaire primitif était libéré par suite de la cession qu'il avait consentie de son action. Mais cette opinion, qui, selon nous, n'était pas même admissible d'après le Code de commerce, soit que l'action fût nominative, soit qu'elle fût au porteur (2), ne se reproduira plus en présence du texte formel de notre article.

Un second alinéa de l'art. 3 du projet primitif, élaboré par le Conseil d'Etat, permettait de réduire la responsabilité des souscripteurs jusqu'à concurrence de la moitié du montant de chaque action; mais, sur la proposition de la commission du Corps Législatif, le Conseil d'Etat retrancha cette disposition et ajouta au premier alinéa les mots : *nonobstant toute stipulation contraire*, pour placer la disposition de ce premier alinéa au-dessus de toutes les conventions particulières qui voudraient affranchir les actionnaires originaires de la responsabilité qui leur est imposée.

44. — On sait que souvent on divise en plusieurs termes le paiement des actions. Tant que le montant intégral n'en est pas versé par les souscripteurs, il ne leur est délivré qu'un titre provisoire appelé dans l'usage *promesse d'action*. Chaque actionnaire verse sa mise, partie en argent, partie en billets; c'est seulement quand la valeur entière de l'action est versée que l'on échange la promesse d'action contre le titre définitif.

Or, on a souvent demandé ce qu'il faudrait décider si, en cas de cession de ses droits par l'actionnaire, le gérant con-

(1) Rapport. — (2) Voyez *Répétitions écrites sur le Code de commerce*, 1re édition, p. 75 et suiv. — Voy. aussi l'arrêt de la Cour de Lyon du 9 avril 1856, *Journal du Droit commercial*, 2e année, 1856, art. 30.

sentait à recevoir pour seul débiteur le cessionnaire, en prenant ses billets en remplacement des billets du cédant. Des auteurs estimables ont pensé que ce dernier était entièrement déchargé de son obligation par suite de la novation qui avait lieu dans l'espèce, lorsque cette négociation était exempte de fraude et de collusion.

Cette opinion, qu'il était assez difficile de soutenir autrefois, doit être rejetée aujourd'hui, quand même les statuts sociaux donneraient aux gérants le pouvoir de priver les tiers de la garantie que leur offrent les souscriptions. Les actionnaires primitifs restent obligés au paiement des actions qu'ils ont souscrites. Aucune stipulation, aucune convention ne peut les exonérer de cet engagement.

45. — Mais, si les statuts l'y autorisaient, le gérant aurait le droit de faire avec des actionnaires, dans le titre de souscription, une convention d'après laquelle le paiement de leurs actions se trouverait subordonné à une condition résolutoire. Un tel pacte ne nous paraît pas contraire à la disposition du premier alinéa de notre article. La loi défend bien toute stipulation tendant à affranchir les souscripteurs de la responsabilité qui leur est imposée quand ils se sont engagés purement et simplement; mais, dans l'hypothèse, l'obligation des actionnaires originaires est affectée d'une condition qui doit, conformément à la volonté des parties contractantes, produire son effet lorsqu'elle se réalise.

46. — Toutefois, la Cour de cassation a décidé qu'une telle convention ne pouvait pas être opposée aux tiers en cas de faillite de la société, lorsque ce pacte était intervenu entre l'un des actionnaires et le gérant en dehors des statuts et même de l'acte de souscription (1). On conprend, en effet, que le gérant ne puisse pas ainsi relever des commanditaires de leurs engagements par des conventions particulières et ignorées des tiers.

47. — On stipule assez fréquemment dans les actes de société que les souscripteurs qui ne paieront pas les fractions de leurs actions aux époques indiquées pour les appels de fonds,

(1) Cass., 11 mai 1853; Dev., 1854. 1. 22.

seront déchus de leurs droits, et que les versements déjà faits par eux seront acquis en partie ou en totalité à la société.

La doctrine et la jurisprudence sont loin de s'accorder sur les effets d'une semblable clause. Il en est qui pensent que la portée de cette stipulation est de permettre aux souscripteurs de sortir de la société en sacrifiant ce qu'ils y ont versé (1). Telle n'est pas notre opinion. Nous considérons le pacte dont il s'agit comme une clause pénale par suite de laquelle le souscripteur perd bien les sommes qu'il a versées; mais cette stipulation ne doit pas faire obstacle à l'exécution de l'obligation principale, consistant à verser dans la caisse sociale la totalité de la somme promise (2).

48. — Il nous semble que, sous l'empire de la loi actuelle, comme d'après les règles du Code de commerce, les commanditaires peuvent valablement stipuler le remboursement de leurs mises par fractions à des époques fixées, pourvu qu'il soit convenu qu'ils n'auront droit à ce remboursement qu'autant que le capital social ne sera pas réduit, par suite des pertes, au-dessous d'un chiffre déterminé par la convention. Une pareille clause doit recevoir son exécution à l'égard des tiers, si elle a reçu la publicité exigée par la loi (art. 42, 43 C. comm.).

Le premier alinéa de l'art. 3 déclare, il est vrai, les souscripteurs responsables du paiement du montant total des actions par eux souscrites, nonobstant toute stipulation contraire; mais, nous le savons, cette disposition a trait au cas de garantie ou de responsabilité imposée à chaque actionnaire originaire qui cède ses actions, et ne saurait empêcher l'effet d'une convention qui, selon nous, n'altère aucunement la nature de la société en commandite.

49. — Afin d'atteindre plus sûrement son but, et pour qu'il n'y ait dans les sociétés en commandite que des souscriptions sérieuses, la loi ne permet de négocier les actions ou coupons d'actions qu'après le versement des deux cinquièmes (2e alin., art. 3) (3).

(1) Troplong, *Sociétés*, n° 179. — Paris, 31 mars 1832; Dev., 1832. 2. 541. Voyez cependant Paris, 8 décembre 1840. — (2) Voyez Lyon, 31 janvier 1840; Dalloz, 1840. 2. 118. — (3) Des dispositions semblables existent dans les lois du 15 juillet 1845 et 10 juin 1853 relativement aux actions de chemins de fer.

50. — Néanmoins, elle n'a pas frappé, comme on l'a prétendu, ces actions d'une indisponibilité absolue avant que ce versement fût effectué; ce que la loi prohibe, c'est la négociation par les voies commerciales, c'est-à-dire la négociation opérée soit par transfert signé sur les registres de la société (art. 36 C. comm.), soit par endossement. Mais elle ne défend pas la cession faite selon les voies autorisées par le droit civil. C'est un point qui a été formellement reconnu par les rédacteurs de la loi nouvelle (1). Ainsi, les actions ou coupons d'actions pourront être transmis par un acte de cession-transport, de donation.

51. — La loi, en ne permettant la négociation des actions ou coupons d'actions par les voies commerciales qu'après le versement des deux cinquièmes, prescrit-elle le versement des deux cinquièmes du montant de toutes les actions ou bien le versement des deux cinquièmes des actions que le souscripteur veut transmettre? Nous pensons que les actions ne sont négociables que lorsque le versement des deux cinquièmes de la totalité des actions est effectué, de sorte que, quand même un actionnaire aurait versé les deux cinquièmes de ses actions, il ne pourrait pas les négocier si les autres actions n'étaient pas libérées dans la même proportion au moment où il opère la négociation.

Cette solution, ne nous le dissimulons pas, est de nature à entraver la circulation des actions; mais elle nous semble complètement justifiée par le texte de la loi. Le second alinéa de l'art. 3 porte, en effet, que les actions ou coupons d'actions ne sont négociables qu'après le versement des deux cinquièmes. Ce texte est général : il ne parle pas seulement des deux cinquièmes des actions qu'on se propose de négocier.

52. — Si dans un acte de société on affranchissait en tout ou en partie les souscripteurs de la responsabilité imposée par le premier alinéa de notre article, ou si on stipulait que les actions ou coupons d'actions seraient négociables avant le versement des deux cinquièmes, la nullité de la société serait prononcée sur la demande de ceux auxquels la loi accorde le droit d'intenter cette action. (Voy. art. 6.)

(1) Exposé des motifs; rapport; discours de M. Schneider à la séance du 1er juillet 1856.

Article IV.

Vérification et appréciation de la valeur des apports et des avantages particuliers. — Approbation par l'assemblée générale. — Mode des délibérations.

« Lorsqu'un associé fait, dans une société en commandite par actions, un apport qui ne consiste pas en numéraire, ou stipule à son profit des avantages particuliers, l'assemblée générale des actionnaires en fait vérifier et apprécier la valeur.

« La société n'est définitivement constituée qu'après approbation dans une réunion ultérieure de l'assemblée générale.

« Les délibérations sont prises par la majorité des actionnaires présents. Cette majorité doit comprendre le quart des actionnaires et représenter le quart du capital social en numéraire.

« Les associés qui ont fait l'apport ou stipulé les avantages soumis à l'appréciation de l'assemblée n'ont pas voix délibérative. »

SOMMAIRE.

53. De l'exagération de la valeur des apports et de la réserve des avantages particuliers. — Disposition du 1er alinéa de l'art. 4. — Par qui est faite la vérification et l'appréciation de la valeur de l'apport et des avantages. — Approbation de l'assemblée. — Peut-elle vérifier et apprécier elle-même? Solution affirmative. — Motif des dispositions du 1er et du 2e alinéa de l'art. 4.
54. *Quid* en cas de lésion malgré l'accomplissement des formalités précédentes?
55. Par qui les frais sont avancés et supportés.
56. Par qui les délibérations sont prises. — Ce qu'il faut entendre par *actionnaires présents*. — Double condition requise pour la validité des délibérations.
57. Chaque actionnaire n'a qu'une voix dans la délibération.
58. A quelles délibérations s'applique la disposition du 3e alinéa de l'art. 4.
59. Disposition du dernier alinéa de l'art. 4.
60. Sanction en cas d'infraction aux dispositions concernant la vérification, l'appréciation et l'approbation.

EXPLICATION.

53. — Un des moyens de fraude les plus dangereux, les plus fréquents, consistait dans l'exagération de la valeur des

apports. On vit des spéculateurs sans probité qui apportaient un procédé d'une impuissance certaine, qu'ils présentaient comme devant procurer à la société des avantages immenses, et dont ils recevaient le prix au moyen d'un certain nombre d'actions de capital qu'ils s'empressaient de négocier avant que ces actions décriées ne fussent plus qu'un papier sans valeur. On vit des industriels qui apportaient un immeuble auquel ils attribuaient une valeur exorbitante en raison des mines ou des carrières qu'il renfermait. Ceux qui faisaient cet apport n'oubliaient pas non plus de se faire délivrer un nombre considérable d'actions qu'ils négociaient; puis, lorsque les combinaisons de l'agiotage avaient produit tout ce que l'on s'était promis, *l'affaire était liquidée* et l'immeuble revendu à vil prix, le tout au préjudice des souscripteurs trop crédules (1).

Les actionnaires, trompés sur la valeur des apports, n'étaient pas moins induits en erreur sur l'importance des avantages que se réservaient certains fondateurs de sociétés.

Divers remèdes furent proposés pour prévenir le retour de ces abus. Les uns voulaient que le prix de l'apport consistât toujours dans une part des bénéfices nets de l'entreprise; les autres proposaient d'accorder aux fondateurs la possibilité de faire procéder judiciairement à une estimation préalable de leurs apports. Le projet du Conseil d'Etat soumettait pendant deux ans à une action en dommages-intérêts tout associé qui faisait un apport exagéré. Du reste, ce projet, qui prévoyait le cas d'exagération des apports, était muet sur l'exagération des avantages particuliers.

D'après la disposition de la loi nouvelle, quand un associé fait un apport qui ne consiste pas en numéraire, ou stipule à son profit des avantages particuliers, on doit en faire vérifier et apprécier la valeur.

Cette vérification ou appréciation se fait par experts nommés par l'assemblée générale. Ces experts ne sont assujettis à aucune prestation de serment.

Lorsqu'ils ont terminé leur rapport, l'assemblée se réunit

(1) On vit, en 1838, adjuger pour 37,000 fr. des mines qui avaient été mises en actions comme valant plus d'un million!

de nouveau ; la majorité prononce, et, si elle approuve, la société est définitivement constituée.

Bien que la loi porte que l'assemblée générale *fait* vérifier et apprécier la valeur des apports et des avantages particuliers, il nous semble qu'elle pourrait se livrer elle-même à cette vérification ou appréciation, désigner des commissaires parmi les actionnaires, sans avoir recours à des tiers.

Les dispositions que nous venons d'analyser mettront les actionnaires en état de contracter en parfaite connaissance de cause; ils ne s'engageront plus sur la foi de prospectus, mais avec toute maturité.

54. — Si, malgré ces précautions, ils étaient lésés, un recours leur resterait ouvert, mais seulement en cas de dol ou de fraude (1). Ils auraient contre l'associé auteur du dol une action en rescision, conformément aux principes du droit commun (art. 1116 C. N.).

55. — Les frais nécessités par les réunions de l'assemblée générale et par l'expertise sont avancés par le fondateur de la société sur les fonds sociaux.

56. — Dans les assemblées générales des actionnaires qui ont lieu soit pour faire vérifier et apprécier la valeur des apports ou des avantages particuliers, soit pour donner l'approbation à la vérification et appréciation, les délibérations sont prises par la majorité des *actionnaires présents*. On entend par ces dernières expressions les personnes présentes et figurant au tableau qui doit être annexé à l'acte de société, ainsi que nous l'avons vu dans le quatrième alinéa de l'art. 1er (2).

La majorité doit: 1° comprendre le quart des actionnaires, et 2° représenter le quart du capital social en numéraire ; ces deux conditions sont requises pour la validité des délibérations. Tant que cette majorité ne pourrait se former, la constitution de la société serait impossible.

57. — Chaque actionnaire ne peut avoir qu'une voix; on ne doit point avoir égard à son intérêt ou au nombre de ses actions dans la société.

C'est même là, selon nous, une règle à laquelle il ne peut

(1) Voyez le rapport. — (2) Voyez *Moniteur* du 2 juillet 1856.

être permis de déroger par une stipulation expresse dans les statuts sociaux.

58. — Du reste, c'est seulement pour le cas spécial de la vérification et de l'appréciation de la valeur des apports ou des avantages particuliers et de l'approbation de ces opérations que le troisième alinéa de l'art. 4 est rédigé. Cette disposition ne s'applique pas aux assemblées générales dans les cas ordinaires (1).

59. — Enfin, on comprend que l'on ne devait pas permettre aux associés qui ont fait l'apport ou stipulé les avantages soumis à l'appréciation de l'assemblée, de prendre part aux délibérations avec voix délibérative (art. 4, 4e alin.). Ils peuvent cependant assister à la réunion.

60. — Une société dans laquelle les apports ou les avantages particuliers ne seraient pas soumis à la vérification et à l'appréciation, dans les formes que nous venons d'expliquer, serait annulée sur la demande des parties intéressées (art. 6).

Article V.

Etablissement du conseil de surveillance. — Par qui et quand ce conseil doit être nommé. — Epoques de réélection.

« Un conseil de surveillance, composé de cinq actionnaires au moins, est établi dans chaque société en commandite par actions.

« Ce conseil est nommé par l'assemblée générale des actionnaires immédiatement après la constitution définitive de la société et avant toute opération sociale.

« Il est soumis à la réélection tous les cinq ans au moins : toutefois, le premier conseil n'est nommé que pour une année. »

SOMMAIRE.

61. Utilité de l'établissement d'un conseil de surveillance dans les sociétés en commandite par actions. — Absence de dispositions dans le Code de commerce. — Disposition du 1er alinéa de l'art. 5. — Motif.

(1) Voyez *Moniteur* du 2 juillet 1856.

62. De l'élection d'un nombre supérieur à celui qui est fixé par la loi comme minimum. — *Quid* si les actions sont réparties ou réunies entre les mains de trois ou quatre personnes?
63. On ne peut introduire dans le conseil des membres qui ne seraient pas actionnaires.
64. Par qui et quand le conseil de surveillance doit être nommé.
65. Suite.
66. Qui peut convoquer l'assemblée générale pour procéder à l'élection des membres du conseil.
67. Quels doivent être le nombre et l'intérêt des votants.
68. Rééleclion des conseils de surveillance. — Motif.
69. Révocation et remplacement des membres du conseil.
70. *Quid* en cas de décès ou de démission?
71. Renvoi. — Les membres du conseil de surveillance ne peuvent se faire représenter.
72. Sanction en cas d'infraction aux dispositions de l'art. 5.

EXPLICATION.

61. — Dans les sociétés en commandite, c'est le gérant qui a l'action ; c'est lui qui est chargé de faire fructifier, par son activité et son intelligence, les fonds qui sont confiés par les commanditaires. Mais ces derniers doivent avoir le droit de contrôler ses actes et d'exercer sur sa gestion une surveillance utile à l'intérêt commun.

Aussi était-il d'usage, sous l'empire du Code de commerce, d'établir auprès de la gérance un comité ou conseil de surveillance.

Toutefois, aucune disposition de nos lois n'imposait aux sociétés en commandite par actions l'obligation d'en établir, ne déterminait le nombre et la qualité des membres dont ce conseil devait se composer, le mode et le moment de sa constitution et les époques périodiques de réélection. La loi actuelle règle tous ces points.

Elle exige qu'il soit établi dans toute société en commandite par actions un conseil de surveillance. Ce conseil doit être composé de cinq membres au moins. Elle veut, en outre, que ces cinq membres soient actionnaires (art. 5, 1er alin.). Peu importe, du reste, le nombre d'actions possédées par chacun d'eux.

Cette disposition a pour but de bannir des conseils de surveillance ces membres dont les noms servaient *d'enseigne* ou de *décoration* à la société, et qui, le plus souvent, n'exerçaient aucun contrôle sur les actes de la gérance.

62. — Il résulte du texte de la loi qu'il pourrait être élu plus de cinq membres. Cette mesure devrait même être adoptée généralement, afin de prévenir les inconvénients qui peuvent exister par suite du décès ou de la démission de l'un des membres élus.

Il résulte encore de ce texte qu'une société dont les actions appartiendraient à trois ou quatre commanditaires ne pourrait pas se constituer, ou qu'une société devrait cesser d'exister dans le cas où les actions se trouveraient réunies dans les mains de trois ou quatre personnes, puisque la loi exige, à peine de nullité, l'établissement d'un conseil de surveillance composé de cinq actionnaires au moins. Les rédacteurs de la loi du 17 juillet 1856 n'ont pas porté leur attention sur cette hypothèse, qui, du reste, n'est pas de nature à se présenter fréquemment dans la pratique.

63. — Il ne serait pas permis d'introduire dans le conseil des personnes étrangères à la société, outre le nombre d'actionnaires fixé comme minimum par la loi, lors même qu'elles ne seraient pas assez nombreuses pour former la majorité. Notre article veut que le conseil soit composé d'actionnaires. Il convient, a-t-on dit, de ne confier la défense des intérêts qu'à ceux avec lesquels ces intérêts sont communs (1). L'avis des personnes qui ne seraient pas associées pourrait influer sur les délibérations.

64. — Il arrivait autrefois que le gérant choisissait les membres du conseil de surveillance dans l'acte même de société. C'étaient assez souvent des surveillants peu pénétrés de l'importance de leurs fonctions, et qui, pleins de complaisance ou d'indulgence pour celui qui les avait nommés, laissaient une libre carrière à ses fautes ou à ses erreurs.

Pour obvier à cet inconvénient, ce n'est plus dans l'acte de société et par les gérants que le conseil de surveillance doit être nommé, mais par les actionnaires réunis en assemblée générale, immédiatement après la constitution définitive de la société, et avant d'en commencer les opérations (art. 5, 2e alin.).

(1) Exposé des motifs.

Cette nomination peut se faire soit dans la réunion où il a été procédé à l'approbation de la vérification et appréciation des apports ou avantages particuliers, soit dans une réunion ultérieure, pourvu que ce soit, comme nous venons de le dire, avant toute opération sociale.

65. — On fera bien de dresser une espèce de procès-verbal constatant le jour où le conseil de surveillance a été constitué, afin de couper court à toute difficulté ultérieure sur le point de savoir à quelle époque il est entré en fonctions.

66. — A qui appartient le droit de convoquer l'assemblée générale pour procéder à l'élection des membres du conseil de surveillance? L'art. 18 du projet de loi, amendé par la commission de la Chambre des députés en 1838, portait qu'à défaut de convocation par le gérant dans le délai que ce projet déterminait, cette convocation serait autorisée par le président du Tribunal de commerce, sur la demande d'un ou de plusieurs actionnaires. La loi nouvelle n'a point reproduit cette disposition.

Il est d'abord certain que la loi confie au gérant le soin de convoquer l'assemblée. C'est pour lui non-seulement un droit, mais un devoir. Nous verrons que l'art. 11 prononce contre le gérant une peine sévère lorsqu'il commence les opérations sociales avant l'entrée en fonctions du conseil.

Mais, s'il négligeait de faire la convocation, quelles sont les autres personnes qui pourraient convoquer l'assemblée générale? La loi ne le dit point. Le législateur a sans doute pensé que les peines qu'il prononçait contre le gérant seraient suffisantes pour assurer l'observation de ses prescriptions. Cependant, comme il n'est pas impossible qu'il en soit autrement, une disposition à cet égard n'eût peut-être pas été inutile. L'assemblée pourra-t-elle être convoquée par les actionnaires, par un ou quelques-uns d'entre eux? Sera-ce le président du Tribunal de commerce qui autorisera la convocation sur leur demande, comme le voulait l'art. 18 précité du projet de loi de 1838? Faudra-t-il, enfin, qu'un jugement soit rendu pour trancher la difficulté et autoriser la convocation? De ces trois partis nous croyons que c'est le premier qui doit être adopté, et que les actionnaires ou quelques-uns peuvent, s'ils voient les opérations sociales sur le point de commencer sans qu'il ait été préalablement établi un conseil de surveillance, provoquer la réunion de l'assemblée générale pour en constituer un.

67. — La loi ne dit point non plus quels doivent être le nombre et l'intérêt des votants pour la nomination des membres du conseil. Elle porte simplement que ce conseil est nommé par l'assemblée générale des actionnaires, c'est-à-dire par la majorité des membres présents à la délibération (1). On devra se conformer aux clauses qui pourront exister dans les statuts, en tant qu'elles n'auront rien de contraire aux dispositions de la loi nouvelle.

68. — Toujours dans le but de ne voir dans les conseils de surveillance que des hommes dont le zèle soit justement apprécié par les actionnaires, la loi veut que ces conseils soient réélus tous les cinq ans au moins (art. 5, 3e alinéa).

Toutefois; pensant bien que, lorsque la première réunion a lieu, on ne peut pas encore suffisamment se connaître, et craignant que le gérant n'ait trop de facilités pour présenter ses candidats et faire admettre dans le conseil ses créatures, le législateur a voulu que le premier conseil ne fût nommé que pour une année seulement (*ibid.*).

La loi a fixé comme maximum le laps de cinq ans, pendant lequel les conseils de surveillance continuent leurs fonctions sans réélection; rien ne s'oppose à ce qu'une réélection ait lieu avant ce temps.

69. — En outre, les membres du conseil de surveillance peuvent être destitués et remplacés par des délibérations de l'assemblée générale prises à la majorité. Ils ne sont investis que d'un mandat qui peut être révoqué en observant les formes qui ont été suivies pour le conférer (art. 2004 C. N.).

70. — Ce serait aussi l'assemblée générale qui pourvoirait

(1) Le projet de loi amendé en 1838 par la commission de la Chambre des députés portait : « Cette élection n'aura lieu dans une première séance qu'autant que les votants représenteront au moins la moitié du capital de la commandite. En cas d'ajournement, faute d'un nombre suffisant d'actionnaires présents, l'élection sera valablement faite dans une seconde séance, quels que soient le nombre et l'intérêt des votants (2e alin., art. 18). — Voyez *Moniteur* du 24 avril 1838, p. 1000.

à la majorité, par voie d'élection, au remplacement de celui ou de ceux des membres du conseil qui viendraient à décéder ou à se démettre de leurs fonctions.

71. — Nous verrons, lorsque nous expliquerons les art. 7, 8 et 9, quelles sont les attributions et la responsabilité des membres du conseil de surveillance ou de ce conseil lui-même. Disons seulement ici que les membres du conseil de surveillance n'ont pas le droit de se faire représenter dans l'exercice de leurs fonctions. Ils ne peuvent transmettre à d'autres le mandat qui leur est confié en raison de certaines qualités.

72. — Enfin, nous faisons observer que la société en commandite par actions dans les statuts de laquelle il existerait des clauses contraires aux dispositions de la loi relatives à l'établissement du conseil de surveillance, au nombre et à la qualité de ses membres, au mode et au moment de sa constitution, aux époques périodiques de sa réélection, serait annulée sur la poursuite de ceux à qui la loi permet d'en demander l'annulation (art. 6).

Article VI.

Nullité de la société par suite d'infraction aux dispositions précédentes. — Par qui et à qui cette nullité peut être opposée.

« Est nulle et de nul effet à l'égard des intéressés toute société en commandite par actions constituée contrairement à l'une des prescriptions énoncées dans les articles qui précèdent.

« Cette nullité ne peut être opposée aux tiers par les associés. »

SOMMAIRE.

73. Résumé des prescriptions dont l'infraction entraîne la nullité de la société.
74. Les tiers peuvent invoquer la nullité. — Il en est de même des associés entre eux.
75. Les associés ne peuvent s'en prévaloir vis-à-vis des tiers.
76. Peut-elle être opposée aux créanciers sociaux par les créanciers personnels de l'un des associés? — Solution affirmative.
77. Elle ne peut être couverte par des actes d'exécution.

EXPLICATION.

73. — Le législateur a pensé que le moyen le plus efficace pour assurer l'observation des dispositions renfermées dans les articles précédents était de prononcer la nullité de toute société en commandite par actions constituée contrairement à l'une de ces dispositions.

Ainsi, est nulle et de nul effet à l'égard des intéressés toute société de cette espèce d'après les statuts de laquelle la valeur des actions ou coupons d'actions serait inférieure à celle qui est fixée par le premier alinéa de l'art. 1er; toute société qui devrait être définitivement constituée avant la souscription de la totalité du capital social ou le versement par chaque actionnaire du quart au moins des actions par lui souscrites (alin. 2, article 1er); ou encore si cette souscription ou ces versements n'étaient pas constatés de la manière et en la forme exigées par le troisième alinéa du même article; ou bien si on n'avait pas annexé à la déclaration notariée du gérant relative à cette souscription ou à ces versements les pièces et l'acte mentionnés dans le dernier alinéa. Il y aurait encore nullité si les actions ne devaient pas être nominatives jusqu'à leur entière libération (article 2); si les souscripteurs n'étaient pas responsables du montant total des actions par eux souscrites (1er alin., art. 3); si les actions ou coupons d'actions étaient négociables avant le versement des deux cinquièmes (2e alin., art. 3). Il en serait de même si l'on ne devait pas suivre les formes édictées par l'art. 4 pour la vérification et l'appréciation de la valeur des apports ou des avantages particuliers, ou si la société devait être constituée avant l'approbation donnée par l'assemblée générale (2e alin., art. 4). Enfin, la même nullité pourrait être prononcée pour inobservation de la disposition qui prescrit l'établissement d'un conseil de surveillance, le nombre et la qualité des membres qui doivent composer ce conseil, le mode et le moment de sa constitution, les époques périodiques de réélection (art. 5).

Dans tous ces cas, si des actions avaient été émises, des engagements souscrits, les intéressés auraient le droit de demander que tout ce qui aurait été fait fût considéré comme non avenu.

La loi ne laisse pas aux tribunaux la faculté de prononcer l'annulation de la société selon les circonstances. La disposition du premier alinéa de notre article est impérative, et les juges doivent déclarer la société nulle dès que l'on se trouve dans l'une des hypothèses que nous avons rappelées.

74. — Cette nullité peut être opposée par les tiers aux associés.

Les associés peuvent aussi s'en prévaloir les uns vis-à-vis des autres.

Le mot *intéressés* contenu dans le premier alinéa de notre article a été emprunté à l'art. 42 C. comm. et est pris dans l'acception que lui donne la jurisprudence (1). Or, d'après la jurisprudence, un associé peut opposer à son associé la nullité résultant du défaut des formalités de publicité (2).

75. — Mais la nullité ne peut être opposée aux tiers par les associés (art. 6, 2e alin.). On comprend facilement que ces derniers ne puissent se prévaloir vis-à-vis des tiers de leur propre contravention aux dispositions de la loi.

76. — On peut demander si cette nullité peut être opposée par les créanciers personnels de l'un des associés aux créanciers sociaux. On dira peut-être que les créanciers personnels des associés sont leurs ayants-cause, et que, par conséquent, ils ne peuvent avoir plus de droits que ces derniers. On ajoutera sans doute encore que le second alinéa de l'art. 6, en disant que la nullité ne peut être opposée aux tiers par les associés, paraît bien avoir restreint aux associés et aux tiers le sens du mot *intéressés* compris dans le premier alinéa.

Néanmoins, nous pensons que la nullité peut être invoquée par les créanciers personnels de l'un des associés, et que la loi, en déclarant la société nulle à l'égard des intéressés, signifie que la nullité pourra être opposée par toute personne y ayant intérêt. Les créanciers des associés n'ont pas d'ailleurs, comme les associés eux-mêmes, de faute à se reprocher.

(1) C'est ce que dit l'exposé des motifs. — (2) Rej., 2 juillet 1817; S., 20. 1. 504; — 23 décembre 1844. S.-V., 46. 1. 558. Dalloz, 45. 1. 113; P., 45. 1. 518. — Cass., 31 déc. 1844; S.-V. 45. 1. 10.

— Telle est, du reste, l'interprétation qui a été donnée par la jurisprudence de la Cour de cassation relativement aux expressions de la disposition de l'art. 42 C. comm., qui ont été reproduites dans la loi nouvelle avec le sens que cette jurisprudence y avait attaché (1).

77. — Les règles prescrites par les art. 1, 2, 3, 4 et 5 de la loi du 17 juillet 1856 sont d'ordre public, et, par conséquent, la nullité qui résulte de leur inobservation ne peut être couverte par des actes d'exécution.

Article VII.

Responsabilité des membres du conseil de surveillance et de certains fondateurs en cas d'annulation de la société.

« Lorsque la société est annulée aux termes de l'article précédent, les membres du conseil de surveillance peuvent être déclarés responsables, solidairement et par corps avec les gérants, de toutes les opérations faites postérieurement à leur nomination.

« La même responsabilité solidaire peut être prononcée contre ceux des fondateurs de la société qui ont fait un apport en nature, ou au profit desquels ont été stipulés des avantages particuliers. »

SOMMAIRE.

78. Disposition du 1er alinéa de l'art. 7. — Critiques. — Réponse faite à ces critiques.
79. Disposition du 2e alinéa de l'art. 7. — Motif.
80. Les tribunaux ne sont pas obligés de déclarer responsables les membres du conseil ou les fondateurs.
81. Recours des membres du conseil de surveillance contre les gérants.

EXPLICATION.

78. — Afin de mieux assurer le respect des dispositions renfermées dans les cinq premiers articles de la loi, le premier

(1) Rej., 22 mars 1843 ; Dalloz, 44. 1. 253 ; P., 44. 1. 215 ; S.-V., 44. 1. 759. — 18 mars 1846 ; P., 46. 2. 311. — Cass., 7 mars 1849 ; S.-V., 49. 1. 397.

alinéa de l'art. 7 fait peser sur les membres des conseils de surveillance la responsabilité des infractions à ces dispositions par suite desquelles la société aura été annulée.

En cas d'annulation, ils peuvent être déclarés responsables solidairement et par corps avec les gérants de toutes les opérations faites postérieurement à leur nomination.

Cette disposition, nous l'avons déjà dit, n'a pas été acceptée par tout le monde sans contestation. On a craint qu'une telle responsabilité n'éloignât des conseils de surveillance beaucoup d'hommes honorables, dont la présence dans ces conseils pourrait être utile.

Aux observations qui ont été présentées sur ce point, on a répondu que les dispositions de notre article étaient tellement claires, qu'elles ne devaient inspirer aucune crainte. Dans l'article 7, a-t-on dit, il s'agit de la responsabilité que l'on peut encourir à raison de formalités matérielles aisément saisissables sur lesquelles on ne peut se méprendre : la valeur des fractions du capital social est-elle conforme à la loi? Le capital est-il souscrit intégralement? La déclaration du gérant constate-t-elle que chaque actionnaire a versé le quart du montant de ses actions? La forme des actions est-elle conforme à l'art. 2 de la loi? Aucune des clauses des statuts ne s'écarte-t-elle des règles tracées par les art. 3, 4 et 5? Il suffira de lire ces statuts, ainsi que les dispositions de la loi que nous venons de rappeler, et de voir, avant d'accepter les fonctions de membre de conseil de surveillance, si on s'est conformé à ces prescriptions. On ne pourra donc être compromis que par suite d'une grande négligence, ou par la volonté de s'engager dans une association que la loi réprouve. — Faisons des vœux pour que tout se passe aussi simplement...

79. — La même responsabilité solidaire est prononcée par le second alinéa de notre article contre les fondateurs des sociétés en commandite par actions, mais seulement contre ceux qui ont fait un apport en nature, ou au profit desquels des avantages particuliers ont été stipulés. Ce sont ces associés que l'on a vus le plus souvent se procurer des bénéfices au détriment des autres.

80. — Du reste, il résulte des expressions, soit du premier,

soit du second alinéa de l'art. 7, que les tribunaux ne sont pas obligés de déclarer responsables les membres des conseils de surveillance ou les fondateurs, par cela seul que la société est annulée pour infraction aux prescriptions de la loi. Ils *peuvent* prononcer cette responsabilité selon les circonstances. Les juges apprécieront non-seulement la bonne foi, mais encore la gravité de la faute qui pourra être imputée à chacun de ceux contre lesquels l'action sera dirigée.

81. — Malgré la solidarité édictée par la loi, les membres du conseil de surveillance auront un recours contre les gérants pour répéter contre eux le montant des sommes auxquelles ils auront été condamnés par suite de la faute de ces derniers.

Article VIII.

Droit et devoir des membres du conseil de surveillance.

« Les membres du conseil de surveillance vérifient les livres, la caisse, le portefeuille et les valeurs de la société.

« Ils font, chaque année, un rapport à l'assemblée générale sur les inventaires et sur les propositions de distribution de dividendes faites par le gérant. »

SOMMAIRE.

82. But de l'art. 8.
83. C'est un droit et un devoir pour les membres du conseil de faire les diverses vérifications énoncées dans la disposition du 1er alinéa de l'art. 8.
84. Ce qu'il faut entendre par les termes : *vérifier les livres, la caisse, le portefeuille et les valeurs de la société.*
85. Les vérifications peuvent être faites par les membres du conseil individuellement, n'importe dans quel moment. — Ce qu'il convient de faire dans la pratique.
86. Limites des attributions des conseils de surveillance.
87. Disposition du 2e alinéa de l'art. 8. — De la vérification préalable au rapport.
88. Les membres du conseil peuvent se faire assister de personnes ayant des connaissances spéciales.

EXPLICATION.

82. — Autrefois, les membres des conseils de surveillance craignaient souvent de se livrer à des actes ne rentrant pas

dans leurs pouvoirs et de courir le risque attaché à l'immixtion.

La loi s'explique sur ce point, afin de faire disparaître ces appréhensions et d'empêcher les membres de ces conseils de méconnaître leurs obligations.

83. — La rédaction du premier alinéa de l'art. 8 du projet élaboré par le Conseil d'Etat portait : « Les membres des conseils de surveillance *ont le droit* de vérifier les livres, la caisse, etc. » La commission du Corps Législatif a substitué le mot *vérifient* aux expressions *ont le droit de vérifier*, afin d'indiquer, sans doute, que non-seulement les membres du conseil ont le droit, mais encore qu'il est de leur devoir de procéder aux différents actes énoncés dans cette disposition.

84. — Il n'est peut-être pas inutile de préciser le sens et l'étendue des expressions qui prescrivent ces droits et ces devoirs.

Que doit-on entendre par les mots *vérifier les livres, la caisse, le portefeuille, les valeurs de la société?* Par la vérification des livres, la loi veut exprimer cette idée, que les membres du conseil se feront représenter les livres et s'assureront s'ils sont tenus conformément aux prescriptions du Code de commerce (art. 8 et suiv.), et s'ils offrent la véritable situation active ou passive de la société. Ils constateront le montant des sommes en caisse, l'existence des effets dans le portefeuille. Ils ne se borneront donc pas à l'examen des écritures qui énoncent ces faits. Ces écritures peuvent être fausses ou inexactes. Les membres du conseil doivent apprécier par eux-mêmes.

Le vérification des *valeurs* s'applique surtout aux actions; elle consistera, sur ce point, à constater le chiffre des actions sorties et utilisées. Pour y parvenir, les membres du conseil se feront représenter les souches des actions et le livre appelé dans la pratique *compte d'actions*. Ils obtiendront facilement le résultat désiré par la comparaison à laquelle ils se livreront.

85. — Ces différentes attributions peuvent être exercées, à quelque moment que ce soit, et individuellement, par chacun des membres du conseil. Ainsi, chacun d'eux a le droit de procéder aux vérifications dont nous avons parlé dans le numéro précédent. Ce droit nous semble résulter du texte même de

l'art. 8, qui porte : *les membres*, et non pas le *conseil de surveillance*, comme l'article suivant.

Toutefois, dans la pratique, il sera convenable que le conseil détermine des époques périodiques pour la vérification, et commette à cet effet ceux de ses membres qu'il jugera les plus capables.

86. — Les conseils de surveillance, nous l'avons déjà dit, ont pour mission de veiller à ce que les conventions sociales reçoivent une loyale exécution. Mais ils doivent s'abstenir de s'immiscer dans la gestion des affaires de la société. Ils ne peuvent participer aux actes extérieurs et patents, entraver le gérant en lui traçant la marche qu'il doit suivre, en prenant part à ses opérations, en lui demandant compte de ses projets, de ses relations, de ses secrets de fabrication (1).

87. — L'art. 19 du projet de loi amendé par la commission de la Chambre des députés en 1838 portait : « Chaque année, après la confection de l'inventaire, il (le conseil de surveillance) rendra compte à cette assemblée (l'assemblée générale) de la vérification qu'il aura faite dudit inventaire. »

Dans son rapport, M. Legentil expliquait ce qu'il fallait entendre par la vérification de l'inventaire : « Nous n'entendons, disait-il, que le simple contrôle des chiffres, tels qu'ils sont donnés par le gérant, et la constatation de leur résultat. Mais nous n'attribuons pas au conseil de surveillance le droit de critiquer les bases de l'inventaire, de changer les estimations, de modifier les destinations de valeurs actives, de faire enfin ce qu'on appelle le règlement de l'inventaire ; c'eût été un acte de flagrante gestion (2). »

Le second alinéa de notre article se borne à dire que les membres du conseil de surveillance feront, chaque année, à l'assemblée générale un rapport sur les inventaires. Pour faire ce rapport, il est évident qu'il sera nécessaire de procéder à un examen, à une vérification préalable, mais seulement dans le sens expliqué par M. Legentil et répété par M. le rapporteur Langlais : « La loi, disait M. Langlais, n'entend pas que le conseil de surveillance soit partie active dans la confection

(1) Voyez le rapport. — (2) *Moniteur* du 24 avril 1838, p. 1012.

de l'inventaire, qu'il en puisse changer les bases, qu'il en fasse ce qu'on appelle le réglement. C'est un contrôle qui lui appartient; si l'inventaire ne lui paraît pas exact, il en appelle, par son rapport, à l'assemblée générale, qui juge. »

88. — Enfin, nous pensons que, dans l'accomplissement des diverses attributions qui leur sont confiées, les membres des conseils de surveillance ont le droit de se faire assister des personnes qui pourraient les éclairer par leurs connaissances spéciales.

Article IX.

Droit du conseil de surveillance de convoquer l'assemblée générale et de provoquer la dissolution de la société.

« Le conseil de surveillance peut convoquer l'assemblée générale. Il peut aussi provoquer la dissolution de la société. »

SOMMAIRE.

89. Droit de convocation attribué au conseil.
90. Cas de convocation prévus ordinairement par les statuts.
91. Le conseil de surveillance peut-il convoquer l'assemblée hors des cas prévus par les statuts? Solution affirmative.
92. Droit de provoquer la dissolution de la société accordé au conseil.
93. Le droit de convoquer l'assemblée et de provoquer la dissolution appartient au conseil, et non à chacun des membres.
94. *Quid* en cas de dissidence parmi les membres du conseil?
95. Le conseil peut-il provoquer l'exclusion de ceux qui n'exécuteraient pas les accords sociaux? Solution affirmative.
96. Peut-il pourvoir avec les associés en nom au remplacement des gérants, en cas de décès, d'interdiction ou de faillite de ceux-ci?
97. Les statuts peuvent étendre les attributions du conseil, mais non les restreindre.

EXPLICATION.

89. — Il peut être nécessaire de convoquer l'assemblée générale des actionnaires pour recevoir des communications importantes et délibérer sur les intérêts communs. La loi donne au conseil de surveillance le droit de faire cette convocation.

90. — Dans l'usage, les statuts sociaux prévoient les cas dans lesquels le conseil de surveillance peut convoquer l'as-

semblée. Ce sont ordinairement les cas de malversation, de perte d'une portion déterminée du capital social, de démission ou de décès du gérant.

91. — Le conseil de surveillance pourrait-il exercer son droit de convocation en dehors des cas prévus par les statuts? Cela ne peut faire aucune doute. La loi lui accorde ce droit d'une manière générale. Bien plus, il ne pourrait pas être restreint par une stipulation du pacte social.

Toutefois, le conseil de surveillance doit en user avec la plus grande circonspection, et seulement dans des circonstances graves et impérieuses, car les convocations faites par le conseil éveillent presque toujours des doutes, des défiances, des craintes, et peuvent quelquefois avoir de funestes résultats pour les intérêts de tous.

92. — La loi accorde aussi au conseil de surveillance le droit de provoquer la dissolution de la société, le cas échéant.

Dans le silence des statuts sociaux, les causes de dissolution par voie d'action sont laissées à l'appréciation des tribunaux. L'art. 20 du projet de loi amendé par la Chambre des députés en 1838 confiait à l'assemblée générale des actionnaires, réunie sur une convocation spéciale, le droit de prononcer la dissolution de la société, sans avoir besoin de recourir aux voies judiciaires. Cette disposition n'a pas été reproduite par la loi nouvelle.

93. — Il faut observer que le pouvoir de convoquer l'assemblée et de provoquer la dissolution de la société est attribué au conseil lui-même, et non à chacun de ses membres.

94. — Mais qu'arrivera-t-il s'il y a dissidence parmi les membres du conseil? Faudra-t-il que les avis soient unanimes pour convoquer l'assemblée ou pour provoquer la dissolution? Non. Dans le conseil de surveillance, comme dans toute réunion, l'avis de la majorité doit l'emporter. C'est même probablement dans ce but et pour empêcher qu'il y ait partage dans les délibérations que la loi prescrit un nombre de membres impair au minimum dans la composition de ce conseil.

D'ailleurs, en cas de divergence, qui viderait le conflit? un seul membre pourrait donc paralyser par sa volonté le droit qui est conféré au conseil?

95. — Le conseil de surveillance aurait aussi le droit de provoquer l'exclusion de ceux qui n'exécuteraient pas les accords sociaux. Bien que la loi ne s'en explique pas, il nous semble que ce pouvoir rentre parfaitement dans ses attributions. Le droit de provoquer la dissolution qui lui est accordé conduit à lui donner, *a fortiori*, le pouvoir de provoquer l'exclusion de quelques membres.

96. — Les statuts de la société pourraient autoriser le conseil de surveillance à pourvoir, avec les associés en nom, au remplacement des gérants, en cas de décès, d'interdiction ou de faillite de ces derniers; à consentir à la retraite de ceux qui voudraient ne plus faire partie de la société. Mais ce n'est qu'autant qu'il existerait dans les statuts des clauses à cet égard que le conseil de surveillance aurait ces pouvoirs.

97. — Les statuts sociaux peuvent élargir le cercle des attributions du conseil de surveillance et lui conférer, en dehors des textes de la loi, des pouvoirs embrassant les rapports que la société fait naître entre les commandités et les commanditaires.

Mais ils ne pourraient pas restreindre ses attributions. Il n'est pas permis de déroger, par des stipulations particulières, à des dispositions qui ont été édictées dans un but d'ordre public et d'intérêt général.

Article X.

Cas de responsabilité des membres du conseil de surveillance.

« Tout membre d'un conseil de surveillance est responsable avec les gérants, solidairement et par corps :

« 1° Lorsque, sciemment, il a laissé commettre dans les inventaires des inexactitudes graves, préjudiciables à la société ou aux tiers;

« 2° Lorsqu'il a, en connaissance de cause, consenti à la distribution de dividendes non justifiés par des inventaires sincères et réguliers. »

SOMMAIRE.

98. Disposition de l'art. 10. — Observations. — *Quid* si les membres du conseil de surveillance ont, en l'absence d'inventaires, consenti à la distribution de dividendes non réellement acquis à la société?

99. Chacun des membres du conseil de surveillance n'est responsable que de ses propres faits.

EXPLICATION.

98. — Après avoir, dans les articles précédents, tracé les droits et les devoirs des membres du conseil de surveillance, la loi indique ici la responsabilité qui pèse sur eux (1).

Ils doivent surveiller les inventaires et les distributions de dividendes.

Ils sont responsables solidairement et par corps avec les gérants, 1° s'ils laissent commettre dans les inventaires des inexactitudes graves; 2° s'ils consentent à la distribution de dividendes fictifs, c'est-à-dire qui ne représentent point des bénéfices réels.

Remarquons d'abord que, pour encourir cette responsabilité, il faut que les membres du conseil de surveillance sachent que l'inventaire est inexact ou que les dividendes ne sont pas pris sur des bénéfices réels. Il peut se faire, par exemple, que les recettes sociales soient consignées sur les livres d'une manière inexacte, et que les membres du conseil aient été trompés par la mauvaise foi du gérant. Il est évident qu'ils ne pouvaient, dans ce cas, être déclarés responsables.

En un mot, et comme l'a dit M. le rapporteur Langlais, la loi ne punit pas la simple ignorance, la simple négligence; c'est la science, c'est la mauvaise intention, c'est le dol.

Ainsi, supposons que les membres du conseil de surveillance aient consenti à la distribution de dividendes non réellement acquis à la société et qu'il n'y ait pas d'inventaire. Nous verrons que l'art. 13 punit dans ce cas les gérants qui ont opéré la répartition entre les actionnaires. Mais, si les membres

(1) Sur les cas de responsabilité encourue par suite de l'inobservation des règles prescrites pour la constitution de la société, voyez art. VII, nos 78 et suiv.

du conseil de surveillance n'ont pas su que les dividendes étaient fictifs, quelque blâmable que soit leur conduite, ils ne peuvent être déclarés responsables, par cela seul qu'en l'absence d'inventaire ils ont consenti à la distribution de dividendes pris sur le capital.

99. — En outre, aucune solidarité n'est établie entre les membres du conseil pour les fautes qui peuvent être commises. Chacun d'eux n'est responsable que de ses propres faits. C'est pour le mieux faire comprendre que, dans la rédaction définitive du premier alinéa de notre article, on a substitué les mots *tout membre* aux expressions *les membres* qui existaient dans le projet du Conseil d'Etat.

Article XI.

Peine appliquée à l'émission d'actions ou coupons d'actions d'une société constituée contrairement aux articles 1 et 2, et au gérant qui commence les opérations avant l'entrée en fonctions du conseil de surveillance.

« L'émission d'actions ou de coupons d'actions d'une société constituée contrairement aux articles 1 et 2 de la présente loi est punie d'un emprisonnement de huit jours à six mois, et d'une amende de 500 francs à 10,000 francs, ou de l'une de ces peines seulement.

« Est puni des mêmes peines le gérant qui commence les opérations sociales avant l'entrée en fonctions du conseil de surveillance. »

SOMMAIRE.

100. Disposition de l'art. 11. — Observations.
101. L'art. 463 C. pén. est-il applicable aux délits prévus par l'art. 11? — Solution négative.

EXPLICATION.

100. — Des peines sévères sont établies contre ceux qui violent les prescriptions de la loi.

Ceux qui émettent des actions ou coupons d'actions dont la valeur est inférieure à celle qui est énoncée dans le premier alinéa de l'art. 1er, sont punis d'un emprisonnement de huit jours à six mois et d'une amende de 500 fr. à 10,000 francs, ou de l'une de ces peines.

Il en est de même de ceux qui émettent des actions d'une société qui serait constituée avant la souscription de la totalité du capital social, et le versement par chaque actionnaire du quart du montant des actions par lui souscrites, ou bien si cette souscription et ces versements n'étaient pas constatés, conformément au troisième alinéa de l'art. 1er, par la déclaration notariée du gérant, accompagnée des pièces énoncées par le quatrième alinéa du même article.

La même peine atteint l'émission des actions au porteur qui ne seraient pas entièrement libérées.

Enfin, la loi punit de la même manière le gérant qui, au mépris du second alinéa de l'art. 5, commence les opérations sociales avant que le conseil de surveillance soit légalement constitué. Le législateur a voulu empêcher le gérant de se livrer à aucune de ces opérations avant que les actionnaires jouissent de la protection et de la garantie de ce conseil.

101. — La disposition de l'art. 11 ne contient pas, comme l'art. 13, une disposition qui permette aux juges de réduire la peine à raison des circonstances atténuantes. Il en faut conclure que le tribunal de police correctionnelle n'a pas cette faculté dans les différents cas prévus par notre article. La Cour de cassation décide que l'art. 463 C. pén. est exclusivement applicable aux délits prévus par le Code pénal, et que, pour étendre ses dispositions aux délits punis par des lois spéciales, il est nécessaire que ces lois le permettent expressément (1).

Article XII.

Peine appliquée à la négociation et à la participation à la négociation d'actions ou coupons d'actions prohibées, ainsi qu'à la publication de la valeur de ces actions.

« La négociation d'actions ou de coupons d'actions dont la valeur ou la forme serait contraire aux dispositions des ar-

(1) Voyez Cass., 6 septembre 1851; Dev., 1. 639.

ticles 1 et 2 de la présente loi, ou pour lesquels le versement des deux cinquièmes n'aurait pas été effectué conformément à l'art. 3, est punie d'une amende de 500 fr. à 10,000 francs.

« Sont punies de la même peine toute participation à ces négociations et toute publication de la valeur des dites actions. »

SOMMAIRE.

102. Disposition du 1er alinéa de l'art. 12. — Observation.
103. Sens du mot *négociation*.
104. De la participation à la négociation. — Observations.
105. Sort de la négociation entre les parties contractantes.
106. Peine applicable à la publication.
107. Suite. — *Quid* du gérant d'un journal qui a fait l'insertion d'une annonce?

EXPLICATION.

102. — La négociation d'actions ou de coupons d'actions d'une valeur inférieure à celle qui est prescrite par le premier alinéa de l'art. 1er ou qui seraient au porteur avant l'entière libération, ou bien pour lesquels le versement des deux cinquièmes n'aurait pas été effectué, est punie d'une amende de 500 fr. à 10,000 francs. Cette peine est moins sévère que celle qui est appliquée aux faits prévus par l'article précédent. Le législateur a pensé que le degré de culpabilité des agents et l'imminence du mal étaient moindres.

103. — Le mot *négociation* est employé ici dans le sens que nous avons expliqué sous l'art. 3 : « Ce qui est défendu et puni, porte l'exposé des motifs, c'est la négociation, à la Bourse ou ailleurs, avec ou sans l'intermédiaire d'agents de change, tantôt au moyen de procurations en blanc, tantôt par d'autres procédés, par tradition manuelle, par endossement, par transfert signé sur les registres de la société; en un mot, par les voies commerciales. » La transmission par les voies que le droit civil autorise serait à l'abri de toute pénalité.

104. — La peine édictée par notre article est applicable à tout individu qui a participé à la négociation. Toutefois, on devra suivre les principes généraux sur la complicité.

Une disposition spéciale, l'art. 13 du projet primitif, avait réduit, par suite de certaines considérations, la peine à l'égard des agents de change qui auraient participé à la négociation. Mais cette disposition a été supprimée, et ces officiers publics restent sous le coup de la répression qui atteint toute autre personne.

105. — L'art. 12 prononce des peines contre les auteurs de la négociation qu'elle prohibe. Il laisse sous l'empire des principes généraux le point de savoir quel sera, entre les parties contractantes, le sort de la négociation. Il est certain qu'elle est nulle. En conséquence, les sommes payées en échange des actions ainsi négociées doivent être restituées par celui qui les a reçues.

Le projet de loi amendé en 1838 par la commission de la Chambre des députés contenait même une disposition qui le décidait formellement (1). Si la loi du 17 juillet 1856 ne s'en explique point, c'est que le législateur a pensé que cela résultait suffisamment des règles du droit commun.

106. — Enfin, la loi punit aussi de l'amende de 500 fr. à 10,000 fr. toute publication de la valeur des actions dont la valeur ou la forme serait contraire aux dispositions des articles 1 et 2, ou pour lesquelles le versement des deux cinquièmes n'aurait pas été effectué.

107. — Dans la séance du 1er juillet 1856, M. Dalloz demandait si, en disant que toute publication de la valeur des actions entraînerait une amende de 500 fr. à 10,000 fr., on avait entendu que cette amende fût appliquée au gérant du journal qui aurait fait l'insertion, ou bien au gérant de la société en commandite qui l'aurait fait faire. Il lui paraissait exagéré et peu pratique d'exiger que le gérant d'un journal vérifiât, pour toutes les annonces qui peuvent lui être apportées, si les gérants des sociétés en commandite s'étaient conformés aux dispositions de la loi. M. Dalloz ne pensait pas qu'on dût appliquer la peine au gérant du journal (2).

M. le conseiller d'Etat Duvergier répondit que tout dépendrait des circonstances, et que l'intention de ceux qui auraient fait la publication serait appréciée par les tribunaux (3).

(1) Voyez l'art. 30 de ce projet. — (2) *Moniteur*, 2 juillet 1856. — (3) *Moniteur*, 2 juillet 1856.

On devra suivre encore ici les principes généraux qui régissent la complicité (1). Il est évident que le gérant d'un journal ne peut pas être condamné pour le seul fait d'avoir fourni l'instrument de la publicité, s'il ignorait que les actions ne devaient pas être publiées, soit à raison de leur valeur ou de leur forme, ou parce que les deux cinquièmes n'avaient pas encore été versés.

Article XIII.

Diverses sanctions pénales.

« Sont punis des peines portées par l'art. 405 du Code pénal, sans préjudice de l'application de cet article à tous les faits constitutifs du délit d'escroquerie :

« 1° Ceux qui, par simulation de souscriptions ou de versements, ou par la publication faite de mauvaise foi de souscriptions ou de versements qui n'existent pas, ou de tous autres faits faux, ont obtenu ou tenté d'obtenir des souscriptions ou des versements;

« 2° Ceux qui, pour provoquer des souscriptions ou des versements, ont, de mauvaise foi, publié les noms de personnes désignées contrairement à la vérité, comme étant ou devant être attachées à la société à un titre quelconque;

« 3° Les gérants qui, en l'absence d'inventaires ou au moyen d'inventaires frauduleux, ont opéré entre les actionnaires la répartition de dividendes non réellement acquis à la société.

« L'article 463 du Code pénal est applicable aux faits prévus par le présent article. »

SOMMAIRE.

108. Disposition de l'art. 13. — Observations.
109. Conditions exigées pour que les gérants soient punissables en cas de distribution de dividendes.
110. *Quid* si le gérant est de bonne foi, lorsqu'il n'y a pas d'inventaire?

(1) Voyez exposé des motifs.

111. Responsabilité civile des gérants en cas de distribution de dividendes.
112. Rappel de la responsabilité des membres du conseil de surveillance.
113. Les actionnaires sont-ils obligés au rapport des dividendes fictifs? Discussion. — Solution affirmative.
114. La loi ne s'occupe que de la distribution de dividendes fictifs.
115. La convention qui assure aux commanditaires un intérêt fixe à prendre à défaut de bénéfices sur le capital, est-elle permise? Solution affirmative.
116. Suite.

EXPLICATION.

108. — Les différentes sanctions pénales renfermées dans cet article ont été introduites dans la loi par suite d'un amendement proposé par la commission du Corps Législatif.

Le législateur a pensé que certains faits qui ne pouvaient être considérés comme constituant le délit d'escroquerie, et qui cependant méritaient une égale répression, devaient être frappés de la même peine que ce délit.

En conséquence, il a déclaré passibles d'un emprisonnement d'un an au moins et de cinq ans au plus, et d'une amende de cinquante francs au moins et de trois mille francs au plus, sans préjudice, s'il y a lieu, de l'interdiction pendant cinq ans au moins et dix ans au plus des droits mentionnés en l'art. 42 C. pén. : 1° ceux qui, pour attirer des actionnaires ou obtenir des versements, ont simulé des souscriptions ou des versements, ou publié de mauvaise foi des souscriptions ou des versements qui n'existent pas, ou tous autres faits faux ; 2° ceux qui, dans le même but, ont, de mauvaise foi et contrairement à la vérité, publié les noms de personnes comme étant ou devant être attachées à la société à un titre quelconque ; 3° les gérants qui ont distribué des dividendes non réellement acquis à la société.

109. — Pour que les gérants, en cas de distribution de dividendes, soient punissables, il faut le concours de ces deux conditions : 1° qu'il n'y ait pas d'inventaires, ou que les inventaires soient frauduleux ; 2° que les dividendes distribués ne soient pas pris sur des bénéfices réels. S'il existait des inventaires, et que ces inventaires ne fussent pas frauduleux, le seul fait d'avoir distribué des bénéfices non réellement acquis à la société ne serait pas passible de la peine prononcée par notre article.

110. — D'un autre côté, ce que la loi punit, c'est la distribution de dividendes non réellement acquis à la société, lorsque cette distribution se fait en l'absence d'inventaires. Il s'ensuit que le gérant est punissable dans ce cas, lors même qu'il serait de bonne foi. Il peut arriver, en effet, qu'il ait été induit en erreur. Les valeurs d'une société sont variables; leur estimation ne peut pas toujours être faite d'une manière exacte et rigoureuse. Les approvisionnements en matériaux, en marchandises, peuvent avoir subi une baisse; il peut y avoir des déchets, des pertes, des créances difficiles à recouvrer. Le gérant peut, en un mot, s'être trompé dans l'appréciation qu'il a faite de l'actif et du passif. Peu importe : dès qu'il n'a pas fait d'inventaire, il est en faute, et s'il a distribué des dividendes non réellement acquis à la société, il doit être condamné.

Cependant la peine prononcée par notre article peut être réduite par suite de l'admission de circonstances atténuantes.

111. — Tout paiement de dividendes qui ne sont pas pris sur des bénéfices réels engage la responsabilité des gérants, qui sont tenus de réparer le préjudice occasionné par leur faute.

A plus forte raison sont-ils responsables s'ils ont procédé frauduleusement à des répartitions de dividendes fictifs.

112. — Nous rappelons que les membres du conseil de surveillance sont responsables avec eux, solidairement et par corps, lorsqu'ils ont en connaissance de cause consenti à la distribution de dividendes non justifiés par des inventaires sincères et réguliers (art. 10, 3e alin.).

113. — Mais que doit-on décider à l'égard des actionnaires? Sont-ils obligés au rapport des dividendes fictifs?

Nous faisons d'abord observer que cette question ne doit pas être confondue, comme on l'a fait quelquefois, avec celle qui consiste à savoir si les commanditaires sont tenus au rapport des dividendes *réels* perçus pendant l'existence de la société, et dont nous avons parlé dans l'Introduction (1). Une

(1) Voyez no 19.

société a duré sept ans ; des bénéfices réels ont été partagés chaque année ; la huitième année, la société fait de mauvaises opérations et est mise en faillite : voilà l'hypothèse que nous avons examinée. Mais ici nous supposons qu'au moment où la distribution des dividendes s'opère, il n'y a aucun bénéfice acquis à la société. Doit-on dire que les actionnaires sont obligés au rapport des sommes qu'ils ont reçues? Quelques personnes distingueront peut-être si les actionnaires qui ont perçu les dividendes étaient de bonne ou de mauvaise foi. On dira que, lorsque les actionnaires étaient de bonne foi, lorsqu'ils croyaient les dividendes bien acquis, cette bonne foi doit suffire pour les faire dispenser de la restitution des sommes qu'ils ont reçues. On argumentera, en un mot, du principe de l'art. 549 C. N.

Si, au contraire, ajoutera-t-on, les actionnaires étaient de mauvaise foi, s'ils savaient que les inventaires étaient irréguliers ou frauduleux, ils seront soumis au rapport.

Nous n'admettons pas cette distinction, et nous pensons que la restitution des dividendes non réellement acquis à la société doit être faite par les actionnaires dans tous les cas, qu'ils soient de bonne ou de mauvaise foi.

Il est vrai que la loi nouvelle n'a pas reproduit la disposition de l'art. 23 du projet de loi amendé par la commission de la Chambre des députés en 1838, d'après lequel toute répartition de dividendes faite en dehors des résultats constatés par l'inventaire était sujette à rapport. Cette disposition avait été l'objet d'une vive critique. On disait qu'elle était impraticable ; qu'elle était de nature à entraver la circulation des actions, à en déprécier le cours par suite de la défiance qu'elle éveillerait de la part des cessionnaires, des craintes qu'elle ferait naître chez ces derniers d'être soumis au rapport de sommes indéterminées (1).

Quoi qu'il en soit, nous ne croyons pas que les rédacteurs de la loi du 17 juillet 1856 ne se soient pas expliqués parce qu'ils voulaient dispenser les actionnaires du rapport des dividendes fictifs.

(1) M. Wolowski, *Revue de législation*, *loc. cit.*, p. 295.

Nous pensons qu'ils ont voulu laisser ce point sous l'empire des principes du droit commun.

Les commanditaires détiennent sans cause les sommes qu'ils ont perçues à titre de dividendes quand il n'y avait aucun bénéfice; par conséquent, ils en doivent le rapport en vertu de la règle générale de l'art. 1376 C. N., qui soumet à la restitution celui qui a reçu ce qui ne lui était pas dû.

Si les actionnaires qui ont reçu ces dividendes étaient de mauvaise foi; s'ils savaient que ces prétendus bénéfices n'étaient pas réellement acquis à la société, leur dol les oblige à la restitution. Cela ne fait aucun doute. La raison d'équité, même en l'absence de textes positifs, conduirait à cette décision. Mais, lors même qu'ils seraient de bonne foi, ils ne doivent pas encore être dispensés du rapport. L'art. 1376 C. N. précité assujettit, en effet, à la restitution celui qui a reçu, même par erreur, ce qui ne lui était pas dû. Or, dans l'espèce, ce que les actionnaires reçoivent ne leur revient pas. Il n'ont droit à percevoir des dividendes qu'autant qu'il y a des bénéfices.

Quand, pendant la durée d'une société, il a été distribué des bénéfices réels et que la société vient ensuite à tomber en faillite, on comprend que ces actionnaires ne soient pas soumis à l'obligation du rapport, bien que la question soit controversée. L'art 1376 C. N. est évidemment inapplicable à cette dernière espèce. Mais, dans l'hypothèse qui nous occupe, nous ne voyons pas par quel raisonnement on pourrait se soustraire au texte de cette disposition.

Les actionnaires invoqueront-ils leur bonne foi? mais, quelles que soient les prérogatives que mérite la bonne foi, elles ne peuvent aller jusqu'à faire accorder à une personne ce qui ne lui appartient pas.

Le possesseur de bonne foi a bien le droit de faire les fruits siens. Ici, il ne s'agit pas de fruits ni même d'intérêts, mais bien de dividendes qui, quoique touchés à des époques plus ou moins périodiques, ne doivent pas moins être considérés comme des capitaux.

Les commanditaires, d'ailleurs, sont tenus des engagements de la société jusqu'à concurrence de leur mise (art. 26 C. comm.); or, ce serait les autoriser à la soustraire à cette obligation que de leur permettre de recevoir des dividendes auxquels ils n'ont pas droit et qui sont pris sur le capital.

Sans doute, notre solution peut entraîner quelques inconvénients dans la pratique. Elle peut gêner, sous certains rapports, la libre circulation des actions des sociétés en commandite. Mais elle nous paraît en harmonie avec l'esprit de la loi nouvelle, et elle repose sur des principes généraux que l'on ne peut pas méconnaître.

114. — Il ne faut pas confondre avec la distribution de dividendes fictifs le paiement d'intérêts fait aux actionnaires, alors même que les produits nets de la société ne permettent pas un semblable paiement. Ce que la loi prohibe, c'est la distribution de *dividendes;* elle ne s'occupe pas des *intérêts.*

115. — Toutefois, la question de savoir si la convention qui assure aux commanditaires un intérêt fixe à prendre, à défaut de bénéfices, sur le capital est permise, a été l'objet d'une vive controverse.

Ce qui a fait naître des doutes sérieux, c'est que les actionnaires n'ont droit qu'au partage des bénéfices nets : or, a-t-on dit, quand il n'y a pas de profits, prendre sur le capital pour servir des intérêts, c'est une véritable fraude. On laisse ainsi croire faussement aux actionnaires que leurs mises ont gagné 5 ou 6 p. 0/0 d'intérêts, et on induit le public en erreur, car ces paiements d'intérêts annoncent une prospérité factice qui souvent ne tarde pas à être démentie.

On peut ajouter que la convention dont nous parlons est contraire : 1° au premier alinéa de l'art. 1845 C. N. et à la disposition de l'art 26 C. comm., qui rendent les associés commanditaires passibles des pertes jusqu'à concurrence des fonds qu'ils ont mis ou dû mettre dans la société ; 2° à la disposition du premier alinéa de l'art. 3 de la loi nouvelle, qui déclare les souscripteurs d'actions responsables du paiement du montant total des actions par eux souscrites, nonobstant toute stipulation contraire. Or, dira-t-on peut-être, si des intérêts sont répartis aux commanditaires avant que l'entreprise soit productive, chaque commanditaire reprendra d'un côté ce qu'il aura versé de l'autre, et, dans la réalité, les actionnaires ne verseront pas ce qu'ils ont promis. Il ne sera plus vrai de dire qu'ils sont responsables du *montant total du paiement de leurs actions* (1).

L'affirmative nous semble mieux fondée : dès que l'acte de société a permis de répartir des intérêts avant qu'il y eût des bénéfices, c'est ainsi que le fait observer M. Troplong (2), comme s'il avait été expressément convenu que le capital nominal ne serait pas le capital effectif, et que la mise de chacun des actionnaires consisterait, non dans la somme versée, mais dans ce qui resterait après les intérêts payés. Les créanciers qui ont traité avec l'association ont lu ou dû lire l'acte de société, et ont vu ou dû voir que les commanditaires ont mis une portion de l'apport en dehors de l'actif social.

Quant à la disposition du premier alinéa de l'art. 3 de la loi du 17 juillet 1856, elle a prévu, ainsi que nous l'avons déjà dit, le cas où les souscripteurs céderaient leurs droits, et elle a voulu, en les déclarant responsables du paiement de la totalité des actions par eux souscrites, éloigner ces actionnaires qui n'entraient dans la société que pour prélever des primes au moyen de la négociation de leurs actions. Dans notre hypothèse, les souscripteurs originaires ne cessent pas de subir la responsabilité imposée par la loi, s'il est vrai que leurs mises ne consistent que dans ce qu'il reste après le paiement des intérêts.

Si le législateur avait voulu proscrire la clause qui nous occupe, la loi renfermerait sans doute, à cet égard, une disposition expresse. Cette disposition existait tant pour les sociétés en commandite que pour les sociétés anonymes dans le projet de loi présenté à la Chambre des députés en 1838 ; l'art. 23 portait : « Dans toutes les sociétés par actions, aucune répartition ne pourra être faite aux actionnaires, SOUS QUELQUE DÉNOMINATION QUE CE SOIT, *que sur les bénéfices nets constatés par les inventaires* qui auront été dressés soit par les administrateurs des sociétés anonymes, soit par les gérants des sociétés

(1) Selon quelques législations étrangères, notamment celle de la Pensylvanie, les associés ne peuvent recevoir annuellement un intérêt légal qu'autant que le paiement de cet intérêt ne réduit pas le montant primitif du capital. Dans le cas contraire, ils doivent restituer la somme nécessaire pour compléter leur part contributive du capital. — Voyez *Manuel de Droit commercial français et étranger*, par MM. Hoechster et Sacré, p. 206. — (2) *Sociétés*, n° 191.

en commandite, et vérifiés dans la forme déterminée par l'acte de société. »

Cette disposition n'a pas été reproduite dans la loi nouvelle. Le législateur de 1856 a probablement pensé qu'il valait mieux tolérer une clause qui était d'usage que de détourner les capitaux des associations par la prohibition d'une combinaison qui peut les attirer.

Il est vrai que, lorsqu'il s'agit de sociétés anonymes, le Conseil d'Etat n'est pas favorable à cette stipulation. Mais il y a cependant eu des sociétés autorisées, dont les actions donnaient droit aux intérêts, quand même ils devaient être prélevés sur le fonds social.

116. — Toutefois, plusieurs auteurs, pour donner effet à ce pacte vis-à-vis des créanciers de la société et pour dispenser les commanditaires de rapporter les intérêts qu'ils ont perçus, exigent qu'il ait reçu la publicité prescrite par l'art. 42 C. comm.

Article XIV.

Commissariat paur les actions judiciaires.

« Lorsque les actionnaires d'une société en commandite par actions ont à soutenir collectivement et dans un intérêt commun, comme demandeurs ou comme défendeurs, un procès contre les gérants ou contre les membres du conseil de surveillance, ils sont représentés par des commissaires nommés en assemblée générale.

« Lorsque quelques actionnaires seulement sont engagés comme demandeurs ou comme défendeurs dans la contestation, les commissaires sont nommés dans une assemblée spéciale composée des actionnaires parties au procès.

« Dans le cas où un obstacle quelconque empêcherait la nomination des commissaires par l'assemblée générale ou par l'assemblée spéciale, il y sera pourvu par le tribunal de commerce, sur la requête de la partie la plus diligente.

« Nonobstant la nomination des commissaires, chaque actionnaire a le droit d'intervenir personnellement dans l'instance, à la charge de supporter les frais de son intervention. »

SOMMAIRE.

117. But de l'art. 14.
118. *Quid* si la contestation avait lieu avec les actionnaires à raison d'une obligation particulière?
119. *Quid* en cas de contestation entre les actionnaires et un certain nombre d'entre eux ?
120. Suite.
121. Dans le cas prévu par la loi, les actionnaires n'ont pas qualité pour exercer la poursuite ou y répondre.
122. La disposition de l'art. 14 s'applique à toute espèce d'actionnaires.
123. Par qui les commissaires sont nommés.
124. Ils doivent être élus spécialement pour chaque contestation.
125. Par qui l'assemblée peut être convoquée.
126. Quel doit être le nombre d'actionnaires présents à la délibération de l'assemblée.
127. L'élection des commissaires a-t elle lieu à la majorité. — Solution affirmative.
128. Quel est le nombre de commissaires désigné pour chaque contestation.
129. Parmi quelles personnes ils peuvent être choisis.
130. Droit d'intervention de chaque actionnaire intéressé au procès.
131. *Quid* des actionnaires qui ont concouru à l'élection des commissaires ?
132. Frais de l'intervention.
133. Pouvoirs des commissaires.
134. Suite.
135. Suite.
136. L'assemblée qui nomme les commissaires peut-elle limiter leurs pouvoirs en leur accordant seulement le droit de représenter en première instance ou en appel? — Distinction.
137. Les commissaires ne peuvent ni transiger, ni compromettre. Ils peuvent se désister, et acquiescer.
138. Responsabilité des commissaires.

EXPLICATION.

117. — Les actionnaires d'une société en commandite peuvent avoir à soutenir collectivement et dans un intérêt commun, comme demandeurs ou comme défendeurs, un procès contre les gérants ou contre les membres du conseil de surveillance.

La pratique a révélé les difficultés qui existaient au sujet de semblables contestations, non-seulement à l'égard des propriétaires d'actions au porteur, mais encore des propriétaires d'actions nominatives demeurant le plus souvent dans des lieux éloignés. Il fallait, lorsque, par exemple, ils étaient défendeurs, les ajourner à leurs domiciles, observer les délais de distance. De là des lenteurs, puis des frais énormes résultant d'assignations et de significations individuelles. Les statuts de certaines sociétés avaient déjà essayé de remédier à ces inconvénients (1). Pour y obvier, la loi crée une représentation analogue à celle des syndics en cas de faillite. Des commissaires spéciaux sont chargés de représenter les intéressés.

118. — Il faut, pour que l'on puisse nommer ces représentants, qu'il s'agisse, ainsi que le porte le premier alinéa de notre article, d'un procès à soutenir *collectivement et dans un intérêt commun*. Si la contestation avait lieu avec les actionnaires à raison d'une obligation particulière; si, par exemple, ils étaient poursuivis comme débiteurs du montant de leurs actions, on ne serait plus dans le cas prévu par cette disposition.

Cette observation était déjà faite dans l'exposé des motifs du projet de loi présenté par M. Barthe à la Chambre des députés, dans la séance du 15 février 1838. Voici ce que cet exposé contenait au sujet des dispositions de l'art. 5 de ce projet, dans lesquelles l'art. 14 de la nouvelle loi a été puisé, sauf quelques modifications : « Il faut que l'on sache bien que ces règles toutes spéciales de procédure s'appliquent seulement aux cas de contestation avec les actionnaires représentant l'intérêt social collectif, et non au cas de contestation avec les actionnaires assignés à raison d'une obligation particulière. Ainsi, que des actionnaires soient poursuivis comme débiteurs de tout ou partie de leur action, c'est une procédure qui rentre dans les règles du droit commun; qu'ils soient, au contraire, appelés en justice pour le réglement des intérêts sociaux... c'est le cas du commissariat. »

(1) La Cour de Paris a, sous l'empire du Code de commerce, déclaré licite la stipulation par laquelle, dans une société en commandite par actions, les intéressés s'étaient interdit mutuellement toute action individuelle contre les gérants en ce qui concerne les intérêts généraux de la société, et étaient convenus que les actions de cette nature ne pourraient être suivies que par des commissaires nommés par la masse des actionnaires réunis en assemblée générale. — Arr. 8 déc. 1847. (*Le Droit*, 3 janvier 1848.)

La disposition de l'art. 5 du projet de loi de 1838 était, du reste, moins explicite que celle du premier alinéa de l'art. 14, en présence duquel aucun doute n'est permis.

119. — L'art. 32 du projet de loi amendé par la Chambre des députés en 1838 prescrivait la nomination de commissaires en cas de contestation entre les actionnaires et un certain nombre d'entre eux (1). L'art. 14 de la loi du 17 juillet 1856 n'a pas reproduit cette disposition.

Dans le silence de cette loi, nous pensons que la poursuite, dans ce cas, doit être intentée ou soutenue à la requête et au nom des actionnaires eux-mêmes. Puisque la loi spéciale et exceptionnelle est muette, il faut s'en référer aux règles du droit commun.

120. — Lors même que les statuts sociaux contiendraient une clause par laquelle il serait stipulé que des commissaires seraient chargés de la poursuite dans l'hypothèse dont nous venons de parler, nous inclinerions encore à penser que la poursuite ne pourrait être intentée ou soutenue que par les actionnaires eux-mêmes.

121. — Mais, lorsqu'il s'agit d'un procès entre les actionnaires et les gérants ou les membres du conseil de surveillance, les actionnaires doivent nécessairement être représentés par les commissaires; ils ne pourraient exercer eux-mêmes la poursuite ou y répondre. Les gérants ou les membres du conseil de surveillance contre lesquels ils plaideraient auraient le droit d'invoquer une fin de non-recevoir résultant de leur défaut de qualité.

122. — Enfin, la disposition de l'art. 14 s'applique aux propriétaires d'actions au porteur comme aux actionnaires nominatifs.

On devra s'en référer aux statuts pour la forme dans laquelle ces derniers devront être convoqués en assemblée.

123. — C'est en assemblée générale que les commissaires sont nommés lorsque tous les actionnaires sont intéressés au procès.

Si quelques actionnaires seulement sont engagés dans la

(1) Voyez *Moniteur*, 24 avril 1838.

contestation, ils sont élus dans une assemblée spéciale composée des actionnaires parties au procès.

Dans les deux cas, si un obstacle quelconque empêchait la nomination des commissaires, ce serait le tribunal de commerce devant lequel l'action doit être portée qui les nommerait, sur la requête de la partie la plus diligente.

124. — Pourrait-on stipuler dans les statuts sociaux que l'assemblée générale désignera des commissaires qui, une fois élus, auront qualité pour intenter contre le gérant ou contre les membres du conseil de surveillance les actions qui pourront être exercées à l'occasion de toutes les difficultés qui naîtront pendant la durée de la société? Ou bien la nomination doit-elle être faite spécialement pour chaque contestation? Nous pensons qu'une élection particulière doit avoir lieu pour chaque procès. Telle était la disposition de l'art. 32 du projet de loi amendé par la commission de la Chambre des députés en 1838 (1). Nous ne voyons rien, ni dans le texte, ni dans les documents législatifs, qui nous indique que les rédacteurs de la loi du 17 juillet 1856 aient rejeté cette règle.

125. — Par qui l'assemblée qui doit élire les commissaires sera-t-elle convoquée? par les parties ou l'une des parties intéressées à la contestation. Ainsi, non-seulement les actionnaires, mais le gérant ou l'un des membres du conseil de surveillance auraient le droit de la convoquer.

126. — La loi ne dit point quel est le nombre d'actionnaires qui doivent être présents à la délibération pour que l'assemblée générale ou spéciale puisse nommer les commissaires. Sera-t-il donc nécessaire que tous les actionnaires ou ceux qui seront intéressés à la contestation soient présents à la réunion? nous ne le pensons pas. Lorsqu'ils auront été convoqués, la nomination pourra être faite par les membres présents.

127. — Est-ce par tous les membres présents ou bien à la majorité des voix que l'élection des commissaires doit avoir lieu? On pourra soutenir que la nomination doit être faite par tous les membres présents à l'assemblée. La loi, dira-t-on, ne

(1) *Moniteur* du 24 avril 1838.

porte pas que l'élection se fera à la majorité, et le troisième alinéa de notre article dispose que, dans le cas où un obstacle quelconque empêcherait la nomination *par* l'assemblée générale ou *par* l'assemblée spéciale, c'est le tribunal de commerce qui fera la désignation.

Telle n'est point notre opinion. Le législateur ne s'est pas expliqué et n'a pas dit que ce serait la majorité qui nommerait, parce que c'est la règle qui gouverne les réunions. C'est toujours la majorité qui décide.

Quant à l'argument tiré du mot *par* l'assemblée, il est d'autant moins concluant que l'on trouve dans le premier et dans le deuxième alinéa de notre même art. 14 d'autres expressions : on ne dit plus que les commissaires sont nommés par l'assemblée, mais *en* assemblée générale, *dans* une assemblée spéciale.

128. — En quel nombre les commissaires doivent-ils être désignés pour chaque contestation ? C'est là un point laissé à l'appréciation de ceux qui doivent les nommer. On pourrait même, selon nous, n'en élire qu'un seul, bien que la loi emploie toujours le pluriel en parlant de ces représentants.

129. — Enfin, ils peuvent être choisis parmi les actionnaires ou parmi des personnes étrangères à la société. Il n'y a, en effet, aucune limitation sur ce point dans la loi ; et cette solution ne présente aucun inconvénient.

130. — Chaque actionnaire intéressé à la contestation a le droit, nonobstant la nomination de commissaires, d'intervenir personnellement dans l'instance.

131. — Mais ce droit d'intervention doit être refusé aux actionnaires qui ont concouru à l'élection.

Il est vrai que le dernier alinéa de l'art. 14 paraît général et ne fait aucune distinction lorsqu'il accorde à chaque actionnaire le droit d'intervenir.

Mais, dès qu'un actionnaire a dans l'instance un représentant de son choix, quelle peut être l'utilité de son intervention ? Nous comprenons cette utilité lorsque les commissaires ont été nommés contre le gré ou en l'absence de l'actionnaire qui demande à intervenir ; ou bien lorsque la désignation a été faite par le Tribunal de commerce. On ne devait pas priver, dans ce cas, du droit d'intervention celui qui n'a pas accordé sa confiance aux représentants qui ont été désignés. Mais quand un actionnaire a concouru à la nomination des commissaires, quand il est représenté dans la procédure par son mandataire, pour quel motif serait-il autorisé à intervenir?

Cette interprétation nous paraît confirmée, d'ailleurs, par les termes mêmes de l'exposé des motifs : « *Celui qui manquera de confiance dans les mandataires* CHOISIS PAR SES COINTÉRESSÉS *pourra se défendre lui-même.* » C'est bien le cas d'une élection faite sans le concours de l'intervenant qui était prévu par les rédacteurs de la loi.

132.— Quelle que soit la décision du Tribunal, et lors même qu'elle serait favorable à l'actionnaire qui est intervenu dans l'instance soutenue au nom des commissaires, cet actionnaire doit supporter les frais de son intervention.

133. — Tous les actes de procédure sont valablement faits, jusqu'à la fin du procès, à la requête ou en la personne des commissaires. Telle était, du reste, la disposition de l'art. 32 du projet de loi amendé par la Chambre des députés en 1838, dans laquelle notre article a été puisé (1).

134. — Ils peuvent, devant le Tribunal de commerce, défendre eux-mêmes les intérêts qui leur sont confiés, ou bien charger de ce soin tous mandataires de leur choix.

L'assemblée générale ou spéciale pourrait cependant leur imposer l'obligation de se faire représenter devant le Tribunal, et même leur indiquer les hommes d'affaires auxquels ils devraient s'adresser.

135. — Les commissaires peuvent, en vertu des seuls pouvoirs qu'ils tiennent de leur nomination, appeler ou défendre sur l'appel, se pourvoir en cassation ou défendre sur le pourvoi.

136. — L'assemblée qui les nomme pourrait-elle limiter leurs pouvoirs, en leur accordant seulement le droit de représenter en première instance ou en appel? Une distinction nous semble nécessaire :

La limitation qui serait ainsi apportée par la décision de

(1) *Moniteur* du 24 avril 1838.

l'assemblée ne devrait, à notre sens, produire aucun effet à l'égard des gérants ou des membres du conseil de surveillance contre lesquels l'instance serait engagée. Ces derniers pourraient, malgré la délibération de l'assemblée, former appel ou se pourvoir en cassation contre les commissaires, dans le cas où ils auraient succombé soit en première instance, soit en appel. Ils tiennent, en effet, de la loi, non-seulement le droit de faire réformer le jugement ou casser l'arrêt qui leur préjudicie, mais encore celui de diriger leur poursuite contre les personnes qui sont chargées de représenter les actionnaires. Une décision de l'assemblée ne peut leur enlever cette faculté.

Si, au contraire, il s'agit de l'appel ou du pourvoi des actionnaires contre la décision des juges de première instance ou d'appel, la délibération de l'assemblée qui limiterait les pouvoirs des commissaires soit au premier, soit au second degré de juridiction, et qui les obligerait à demander une autorisation nouvelle avant de former l'appel ou de se pourvoir en cassation, devrait être respectée. Les actionnaires, en effet, bien qu'ils soient obligés, pour les motifs plus haut indiqués, de se faire représenter par des commissaires dans les contestations contre les gérants ou les membres du conseil de surveillance, ne sont pas moins maîtres de leurs droits, et rien ne saurait les empêcher de limiter la faculté que les commissaires ont d'appeler ou de se pourvoir en cassation.

137. — Les commissaires n'ont pas le droit de transiger ni de compromettre. Ils n'ont de mandat que pour poursuivre l'instance ou y défendre.

Ils pourraient cependant se désister des procédures et même acquiescer aux jugements.

138. — Lorsque plusieurs commissaires sont élus pour soutenir un procès, ils sont tenus *in solidum* à la réparation du préjudice causé à leurs mandants par leur faute ou leur négligence. Il est vrai qu'en principe il n'y a de solidarité entre plusieurs mandataires constitués par le même acte qu'autant qu'elle est exprimée (art. 1995 C. N.); mais, comme les commissaires sont obligés d'agir collectivement et sont chargés d'une mission indivisible, on doit nécessairement déclarer

chacun d'eux responsable pour le tout du préjudice qui pourrait être occasionné.

Leur obligation, toutefois, ne serait pas soumise aux principes qui régissent la solidarité parfaite.

Article XV.

Dispositions transitoires.

« Les sociétés en commandite par actions actuellement existantes, et qui n'ont pas de conseil de surveillance, sont tenues, dans le délai de six mois à partir de la promulgation de la présente loi, de constituer un conseil de surveillance.

« Ce conseil est nommé conformément aux dispositions de l'art. 5.

« Les conseils déjà existants et ceux qui sont nommés en exécution du présent article exercent les droits et remplissent les obligations déterminés par les articles 8 et 9 ; ils sont soumis à la responsabilité prévue par l'art. 10.

« A défaut de constitution du conseil de surveillance dans le délai ci-dessus fixé, chaque actionnaire a le droit de faire prononcer la dissolution de la société. Néanmoins, un nouveau délai peut être accordé par les tribunaux à raison des circonstances.

« L'art. 14 est également applicable aux sociétés actuellement existantes. »

SOMMAIRE.

139. Observations sur la non-rétroactivité de la loi.
140. La disposition relative à la valeur des actions n'est pas applicable aux sociétés antérieures à la promulgation. — Hypothèse.
141. Suite. — Hypothèse.
142. Les règles de la loi du 17 juillet 1856 relatives à la valeur ou à la forme des actions, ne sont pas applicables à une société antérieure qui serait prorogée par la volonté des parties.
143. Même solution s'il avait été stipulé qu'en cas de décès du gérant la société continuerait entre les associés survivants.

144. *Quid* si la volonté de rester en société était postérieure au décès du gérant?
145. De l'établissement d'un conseil de surveillance dans les sociétés formées avant la promulgation de la loi.
146. Les sociétés existantes avant la loi qui ont un conseil le conservent tel qu'il est établi. — Il n'est pas soumis à la réélection quinquennale.
147. Droits, obligations et responsabilité des conseils existants et des conseils nommés dans les sociétés qui n'en étaient pas pourvues au jour de la promulgation de la loi.
148. Disposition du 4e alinéa de l'art. 15.
149. Actions judiciaires des sociétés antérieures à la promulgation de la loi.
150. Suite.

EXPLICATION.

139. — Toutes les dispositions de la loi nouvelle n'ont pas été appliquées aux sociétés en commandite par actions existant à l'époque de sa promulgation. Le législateur a pensé que le principe de la non-rétroactivité des lois ne le permettait pas.

Ainsi, par exemple, les règles qui sont tracées par cette loi relativement à la forme des actions, à la souscription de la totalité du capital social, au versement du quart par chaque actionnaire, comme condition de la constitution de la société, et au versement des deux cinquièmes nécessaire pour la négociation des actions, ne seraient pas applicables à ces sociétés antérieures.

140. — Il en serait de même de la disposition concernant la valeur des actions.

Supposons que le capital d'une société existant avant la promulgation de la loi soit supérieur à 200,000 fr., et que les statuts contiennent la faculté de porter le capital à une somme plus élevée que le capital primitif, par suite d'une nouvelle émission d'actions, ces actions pourront-elles être de moins de 500 fr., conformément aux statuts? Oui, sans doute; la disposition de l'art. 1er de la loi du 17 juillet 1856, qui fixe à 500 fr. la limite au-dessous de laquelle les actions ne peuvent descendre, est, aussi bien que celle qui exige la souscription de la totalité du capital social, édictée pour les sociétés futures, et non pour les sociétés existantes au moment de la promulgation de la loi. Les statuts de ces dernières sociétés sont la loi des parties. Le législateur n'a pas eu l'intention de rétroagir sur des conventions légalement formées.

141. — Il y aurait plus de difficulté si une société antérieure à la loi voulait, dans notre espèce, faire une émission d'actions qui n'aurait pas été prévue et autorisée par les statuts sociaux.

Cependant nous pensons encore qu'elle pourrait émettre des actions inférieures à 500 fr.

Les dispositions de notre article ne s'occupent des sociétés existantes que pour leur faire l'application de certaines règles au nombre desquelles on ne trouve pas mentionnée la disposition du premier alinéa de l'art. 1er. En outre, le législateur a voulu respecter le principe de la non-rétroactivité et n'appliquer les règles nouvelles que dans des cas peu nombreux d'administration, d'organisation, qu'il croyait pouvoir réglementer sans que ce principe fût violé : « Il serait à désirer, porte l'exposé des motifs, que toutes les prescriptions du projet pussent régir les sociétés actuellement existantes. Le principe de la non-rétroactivité des lois ne le permet pas; mais il n'est point un obstacle à l'application immédiate des dispositions qui se bornent à établir des règles d'administration, à organiser des moyens de surveillance qui ne modifient point les rapports des associés entre eux, et qui, par conséquent, ne touchent point aux droits acquis. »

On peut cependant objecter que, les statuts étant muets, il s'agit, dans cette hypothèse, de l'exercice d'un droit nouveau, qui doit être soumis aux textes de la loi nouvelle. On peut ajouter que le motif d'intérêt public qui a dicté la disposition du premier alinéa de l'art. 1er existe aussi bien pour l'émission d'actions faite par une société antérieure que pour celle qui émanerait d'une société postérieure à la promulgation de la loi. C'est possible; mais il nous semble difficile de donner une autre solution en présence du texte de la loi, et lorsqu'on se pénètre de l'esprit qui a présidé à sa rédaction.

142. — Les parties peuvent, par leur volonté unanime, prévenir ou arrêter la dissolution d'une société résultant de l'expiration du terme convenu. Une société existante avant la promulgation de la loi, et qui serait ainsi continuée après cette promulgation, ne serait pas une société nouvelle. « C'est, dit M. Troplong, la même société, subsistant sans interruption

entre les mêmes personnes, avec le même capital et les mêmes moyens, avec le même but et le même objet, et ne présentant de modification que dans le temps de sa durée, changé par la volonté des parties (1). » Par conséquent, cette société ne serait pas non plus assujettie aux règles de la loi nouvelle relatives à la valeur ou à la forme des actions.

143. Il en serait de même s'il avait été stipulé qu'en cas de décès du gérant, la société aurait lieu entre les associés survivants. C'est la même société qui continuerait. (Voy. article 1868 C. N.).

144. Mais, si la volonté de rester en société était postérieure au décès du gérant, il peut y avoir quelques doutes. On peut dire que la mort du gérant est une cause de dissolution qui met fin à la société, et que la résolution postérieure de rester en société donne lieu à une société nouvelle qui doit être régie par les principes de la loi actuelle.

Cependant nous n'admettons pas cette solution. Sans doute la mort du gérant est un événement qui met fin à la société, en ce sens que si tous les actionnaires n'étaient pas d'un avis unanime pour lui nommer un successeur, la dissolution de la société aurait lieu nécessairement. Mais, si tous les actionnaires se sont réunis pour désigner un nouveau gérant, si ce choix a été fait, s'ils ont eu la volonté de continuer la société, nous pensons qu'on ne devrait appliquer à cette société ainsi continuée que les règles applicables aux sociétés antérieures à la promulgation de la loi nouvelle.

145. — Parmi les dispositions de cette loi il en est que le législateur a cru pouvoir appliquer sans inconvénient aux sociétés établies antérieurement à sa promulgation.

Telle est celle qui a trait à l'établissement d'un conseil de surveillance dans toute société en commandite par actions.

Mais l'obligation d'en constituer un selon les formes et les conditions prescrites par la loi nouvelle n'est imposée qu'aux sociétés qui n'en sont pas pourvues.

146. — Quant aux sociétés qui ont déjà un conseil de surveillance, elles le conservent tel qu'il est établi. Peu importe

(1) *Sociétés*, n° 915.

qu'il ait été choisi par l'entremise des gérants ou par l'assemblée générale; peu importe qu'il soit ou non composé d'actionnaires ou de personnes étrangères à la société.

Nous ne pensons même pas que ce conseil doive être soumis à la réélection tous les cinq ans, ainsi que la loi le prescrit pour les conseils de surveillance qui sont nommés en exécution des dispositions de la loi actuelle. (Voy. 3e alin., art. 5.)

Il semblerait cependant que le motif qui a fait ordonner la réélection tous les cinq ans pour ces derniers devrait faire adopter la même décision à l'égard de ceux qui peuvent exister à l'époque de la promulgation de la loi. Mais elle ne s'en occupe point. Ces conseils ne seront donc réélus qu'à l'époque fixée par les statuts sociaux.

147. — Toutefois, les conseils déjà existants, aussi bien que les conseils nommés dans les sociétés qui n'en étaient pas encore pourvues au jour de la promulgation de la loi, exercent les mêmes droits, sont tenus des mêmes obligations et sont soumis à la même responsabilité que les conseils établis dans les sociétés formées après la promulgation.

Ainsi, ils vérifient les livres, la caisse, le portefeuille, les valeurs de la société; ils font chaque année un rapport à l'assemblée générale sur les inventaires et sur les propositions de distribution de dividendes faites par le gérant; ils peuvent convoquer l'assemblée générale et provoquer la dissolution de la société; ils peuvent et doivent s'opposer aux inventaires frauduleux ou contenant des inexactitudes graves, à la distribution de dividendes qu'ils savent n'être pas justifiés par des inventaires sincères et réguliers. S'ils manquent à ces deux derniers devoirs, ils sont responsables avec les gérants solidairement et par corps.

148. — Si une société constituée avant la promulgation de la loi n'établissait pas un conseil de surveillance dans les six mois à dater de cette promulgation, chaque actionnaire aurait le droit de faire prononcer la dissolution de la société.

Cependant les tribunaux pourraient accorder un nouveau délai, après avoir apprécié les circonstances qui auraient empêché l'élection ou fait obstacle à la constitution du conseil.

149. — Enfin, les actionnaires des sociétés en commandite par actions déjà constituées à l'époque de la promulgation de la loi, qui auront à soutenir collectivement et dans un intérêt commun un procès contre les gérants ou contre les membres du conseil de surveillance, seront représentés par des commissaires, conformément à ce que nous avons dit en expliquant l'art. 14 ci-dessus.

150. — Mais il nous paraît évident que cette disposition n'est pas applicable aux instances qui seraient déjà commencées à l'époque où la loi a été promulguée.

FIN.

TABLE

ALPHABÉTIQUE ET ANALYTIQUE

A

ACQUIESCEMENT. Voy. *Commissaires*.

ACTE DE COMMERCE. Voy. *Immixtion*.

ACTE DE SOCIÉTÉ. Dépôt de cet acte. 7, 37.

ACTION. Distinction des actions; *actions de capital; actions industrielles; actions de prime; actions nominatives; actions au porteur; actions à ordre*. 2. — Quelle doit être la valeur des actions dans les sociétés en commandite? 27. — La loi nouvelle ne prohibe pas les actions de prime. 33. — Elle prohibe les actions au porteur tant que les actions ne sont pas entièrement libérées. 40, 42. — *Quid* des actions à ordre? *Quid* si le versement des deux cinquièmes n'a pas été effectué? 41. — Voy. *Commandite, Coupons d'actions, Effet rétroactif, Emission d'actions, Promesse d'action*.

ACTIONNAIRES. Leurs obligations. 16 et suiv.

ACTION DIRECTE des créanciers sociaux contre les commanditaires. 18.

ACTION JUDICIAIRE. Quand un procès est soutenu par les actionnaires collectivement et dans un intérêt commun contre les gérants ou les membres du conseil de surveillance, les actes de la procédure sont faits à la requête ou en la personne de commissaires. 117. — Les actionnaires n'ont pas qualité. 121. — Les commissaires peuvent appeler ou défendre sur l'appel, se pourvoir en cassation ou défendre au pourvoi. 135. — Voy. *Commissaires*.

ADMINISTRATION des sociétés en commandite appartient au gérant seul. 9. — Voy. *Gérant, Immixtion*.

ANONYME. La société anonyme n'est pas soumise à la règle qui gouverne la valeur des actions. 29.

APPEL. Voy. *Actions judiciaires, Commissaires*.

APPORT. Fraude consistant dans l'exagération de la valeur des apports. 53. — Divers remèdes proposés; disposition de la loi nouvelle. *Ibid*. — Par qui est faite la vérification de l'apport. *Ibid*. — L'assemblée générale peut vérifier elle-même. *Ibid.* — Approbation de l'assemblée générale. *Ibid.* — *Quid* si, malgré les précautions prescrites par la loi, les actionnaires sont lésés? 54. — Voy. *Délibération.*

Assemblée générale. Voy. *Apport*, *Avantages*, *Conseil de surveillance*, *Délibération*, *Hypothèque.*

Assemblée spéciale. Voy. *Commissaires.*

Avantages particuliers. Par qui est faite l'appréciation de ces avantages. 53.

B

Bénéfices. Voy. *Dividendes.*

C

Caisse. En quoi consiste la vérification de la caisse. 84.

Capital social. Sa division en actions. 2. — Voy. *Action*, *Commandite*, *Constitution de la société.*

Cassation. Voy. *Commissaires.*

Cédant. En cas de cession de ses droits par l'actionnaire, le cédant est-il libéré si le gérant consent à recevoir le cessionnaire pour seul débiteur? 44.

Cession. La cession des actions par les modes du droit civil est permise même avant le versement des deux cinquièmes; n'est pas punissable. 50, 103.

Circonstances atténuantes. L'art. 463 C. pén. est applicable aux faits prévus par l'art. 13; *secus* s'il s'agit du délit prévu par l'art. 11 de la loi du 17 juillet 1856. 110, 101.

Clause pénale. *Quid* de la clause par laquelle il est stipulé que les souscripteurs seront déchus de leurs droits, faute du paiement des fractions de leurs actions aux époques fixées? 47.

Commandite. Caractères de la société en commandite. 1. — Division de son capital en actions. 2. — Utilité de la commandite par actions. 3. — Règles générales qui la régissent. 4. — Est une personne morale. 5. — Par qui elle est représentée. 9.

Commanditaires. Voy. *Actionnaires*, *Action directe*, *Immixtion.*

Commerçant. Voy. *Immixtion.*

Commissaires. Ils sont nommés pour représenter les actionnaires dans les procès qu'ils ont à soutenir collectivement et dans un intérêt commun contre les gérants ou les membres du conseil de surveillance. 117 et suiv. — *Quid* en cas de contestation avec les actionnaires assignés à raison d'une obligation particulière? 118. — *Quid* si la contestation existe entre les actionnaires et un certain nombre d'entre eux? 119, 120. — Les commissaires doivent être élus spécialement, pour chaque contestation, par la majorité des membres présents. 124, 126, 127. — En quel nombre ils sont nommés. 128. — Qui peut être nommé commissaire. 129. — Les pouvoirs des commissaires peuvent-ils être limités par l'assemblée générale? 136. — Ils ne peuvent ni transiger, ni compromettre; mais ils peuvent se désister des procédures, acquiescer aux jugements. 137. — Leur responsabilité. 138. — Voy. *Action judiciaire.*

COMPROMIS. Voy. *Commissaires.*

CONSEIL DE SURVEILLANCE. L'établissement de ce conseil est obligatoire dans les sociétés en commandite par actions. 61. — Nombre de ses membres. *Ibid.* — Utilité d'élire plus de cinq membres. 62. — *Quid* si les actions sont réparties ou réunies entre les mains de trois ou quatre personnes? *Ibid.* — Les membres du conseil doivent être actionnaires. 61, 63. — Par qui et quand le conseil de surveillance doit être nommé. 64, 65. — Réélection. 68. — Les membres des conseils de surveillance des sociétés qui en étaient pourvues au jour de la promulgation de la loi nouvelle sont-ils soumis à la réélection quinquennale? 146.— Nombre et intérêt des votants pour la nomination ou la réélection des membres du conseil de surveillance. 67. — Révocation et remplacement des membres du conseil. 69. — *Quid* en cas de décès ou de démission? 70. — Les membres du conseil de surveillance ne peuvent se faire représenter. 71. — Attributions des membres du conseil de surveillance. 82, 83, 84, 85, 87. — Limites de leurs attributions. 86. — De la vérification préalable au rapport sur l'inventaire. 87.— Les membres du conseil peuvent se faire assister dans leurs vérifications. 88. — Droit de convoquer l'assemblée générale et de provoquer la dissolution de la société attribué au conseil. 89, 92. — Il peut convoquer l'assemblée générale hors des cas prévus par les statuts. 91. — Le droit de convoquer l'assemblée et de provoquer la dissolution de la société appartient au conseil tout entier. 93.— *Quid* en cas de dissidence des membres du conseil? 94. — Peut-il provoquer l'exclusion de ceux qui n'exécutent pas les accords sociaux? 95. — Peut-il pourvoir avec les associés en nom au remplacement des gérants, en cas de décès, d'interdiction ou de faillite de ceux-ci? 96. — Les attributions des conseils de surveillance peuvent être étendues, mais non restreintes par les statuts. 97.— Voy. *Responsabilité, Vérification.*

CONSTITUTION DE LA SOCIETE. Conditions requises pour la constitution de la société en commandite par actions. 30, 53. — Quelles actions la loi a-t-elle principalement en vue lorsqu'elle exige le versement du quart? *Quid* des actions de capital représentées par des valeurs autres que l'argent? *Quid* des actions industrielles? 36. — *Quid* si le versement effectué par certains actionnaires compensait le déficit existant dans celui des autres? 34.

CONTINUATION DE LA SOCIÉTE. Voy. *Effet rétroactif.*

CONTRAINTE PAR CORPS. Cas dans lesquels les membres du conseil de surveillance y sont soumis. 78, 98.

COUPONS D'ACTIONS. Ce que c'est; leur valeur. 28.

CRÉANCIER. Voy. *Nullité.*

D

DECLARATION. Celle que le gérant doit faire par acte notarié. 37.

DELIBERATION. Personnes qui peuvent prendre part aux délibérations de l'assemblée générale selon les divers cas. 14. — Double condition requise pour la validité des délibérations de l'assemblée relatives à la vérification et appréciation des apports et avantages particuliers. 56. — Ce qu'il faut entendre par *actionnaires présents*. *Ibid.*

Désistement. Voy. *Commissaires.*

Dissolution. Causes de dissolution des sociétés en commandite par actions. 20. — Voy. *Conseil de surveillance.*

Dividendes. La répartition de dividendes non réellement acquis à la société et en l'absence d'inventaires ou au moyen d'inventaires frauduleux est un délit; peine applicable au gérant. 108, 109. — *Quid* si le gérant est de bonne foi lorsqu'il n'y a pas d'inventaire? 110. — Responsabilité des gérants en cas de distribution de dividendes. 111. — Responsabilité des membres du conseil de surveillance. 112. — Voy. *Rapport.*

Dol. Voy. *Apport.*

E

Effet rétroactif. Observation sur la non-rétroactivité de la loi du 17 juillet 1856. 139. — Le capital d'une société antérieure à cette loi étant supérieur à 20,000 fr. et les statuts permettant de porter le capital à une somme plus élevée que le capital primitif, les actions peuvent-elles être inférieures à 500 fr., conformément aux statuts? 140. — *Quid*, dans l'espèce précédente, si l'émission nouvelle n'avait pas été autorisée par les statuts? 141.—*Quid* lorsqu'il y a continuation de la société? 142, 143, 144. — Dispositions de la loi nouvelle applicables aux sociétés antérieures. 145. — Etablissement d'un conseil de surveillance. *Ibid.* — *Quid* des sociétés antérieures qui sont pourvues d'un conseil de surveillance? 146. — Actions judiciaires des sociétés antérieures. 149, 150. — Voy. *Conseil de surveillance*, *Emission d'actions.*

Emission d'actions. On ne peut stipuler qu'une portion seulement du capital social sera émise provisoirement. 31. — On peut stipuler que le capital social pourra être porté à une somme plus élevée que le capital primitif. 32. — Peine infligée à l'émission d'actions ou de coupons d'actions d'une société constituée contrairement aux dispositions des articles 1 et 2 de la loi du 17 juillet 1856. 100. — Voy. *Effet rétroactif.*

Extrait. Voy. *Publicité.*

F

Faillite d'une société en commandite n'est pas une cause de dissolution de cette société. 20.

Faute. De quelle faute est tenu le gérant d'une société en commandite. 10.

Fondateur. Voy. *Responsabilité.*

Frais. Par qui sont avancés ceux nécessités par les réunions de l'assemblée générale dans le cas de vérification et d'appréciation des apports ou des avantages particuliers; sur quels fonds? 55.

G

GÉRANT. Ses pouvoirs. 10. — *Quid* s'il cède ses droits dans la société? 11. — Qui peut demander sa révocation? 12. — Peut-on stipuler le droit de révoquer *ad nutum* ses pouvoirs? 13. — Voy. *Faute, Hypothèque.*

GESTION (Actes de). Sont interdits aux commanditaires. 16. — A quels actes ils peuvent prendre part. 17. — Voy. *Immixtion.*

H

HYPOTHÈQUE. Le gérant peut-il hypothéquer les immeubles de la société? 10. — L'assemblée générale peut l'y autoriser. 14.

I

IMMIXTION. *Quid* du commanditaire qui s'immisce dans la gestion? 17. — Peut-il être poursuivi commercialement? 18. — Peut-il être considéré comme commerçant? 17. — Recours du commanditaire qui a été obligé de payer les dettes sociales. *Ibid.*

INTÉRÊTS. La convention qui assure aux commanditaires, à défaut de bénéfices, un intérêt fixe à prendre sur le capital est-elle permise? 115. — A-t-elle un effet vis-à-vis des créanciers de la société? 116.

INTERVENTION. Le droit d'intervenir est accordé aux actionnaires dans les procès contre les gérants ou les membres du conseil de surveillance, lors même qu'ils sont représentés par des commissaires. 130. — *Quid* s'ils ont concouru à la nomination des commissaires? 131. — Frais de l'intervention. 132.

INVENTAIRE. Rapport sur les inventaires que doivent faire les membres du conseil de surveillance. 87. Voy. *Conseil de surveillance.*

L

LISTE DES SOUSCRIPTEURS. Voy. *Souscripteurs.*

LIVRES. En quoi consiste la vérification des livres. 84.

M

MISE. Peut-on stipuler le remboursement des mises par fractions à des époques fixées? à quelle condition? 48.

N

Négociation d'actions. Sens du mot *négociation.* 50, 103. — La négociation des actions n'est permise qu'après le versement des deux cinquièmes. 49. — La loi ordonne-t-elle le versement des deux cinquièmes de toutes les actions? 51. — Peine infligée à la négociation et à toute participation à la négociation d'actions ou de coupons d'actions dont la valeur ou la forme est contraire aux dispositions de la loi. 102, 104. — Sort de la négociation entre les parties contractantes. 105. Voy. *Cession.*

Nullité. Prescriptions de la loi du 17 juillet 1856 dont l'infraction entraîne la nullité de la société. 73. — Les tiers peuvent invoquer cette nullité; il en est de même des associés entre eux. 74. — Les associés ne peuvent s'en prévaloir vis-à-vis des tiers. 75. — La nullité peut être opposée aux créanciers sociaux par les créanciers personnels des associés. 76. — Elle ne peut être couverte par l'exécution. 77. —Voy. *Responsabilité.*

O

Opérations sociales. Peine infligée au gérant qui commence les opérations avant l'entrée en fonctions du conseil de surveillance. 100.

P

Portefeuille. En quoi consiste la vérification du portefeuille. 84.

Preuve. Comment une société en commandite peut-elle être prouvée? *Quid* lorsque l'acte est sous seing privé? 6.

Promesse d'action. Ce qu'on entend par ces mots. 44.

Prorogation de la société. Voy. *Effet rétroactif.*

Provocation de souscriptions. Eléments constitutifs de ce délit; peine. 108.

Provocation de versements. Eléments constitutifs de ce délit; peine. 108.

Publication. Peine infligée à la publication de la valeur des actions dont la forme ou la valeur est contraire aux dispositions de la loi, ou pour lesquelles le versement des deux cinquièmes n'a pas été effectué. 106. — *Quid* du gérant d'un journal qui a fait l'insertion d'une annonce? 107 — Publication de souscriptions qui n'existent pas; peine. 108. — Publication de versements qui n'existent pas; peine. 108.

Publicité. Formalités de publicité auxquelles la société en commandite est soumise; sanction en cas d'inobservation. 8.

R

Raison sociale. Quels noms peuvent figurer dans la raison sociale d'une société en commandite. 5.

Rapport. Les commanditaires sont-ils obligés au rapport des dividendes réels? 19. — Sont-ils obligés au rapport des dividendes fictifs? 113.

Réformes introduites dans la législation par la loi du 17 juillet 1856. 22. — Résumé. 23. — Observation sur ces réformes. 24. — Critiques diverses. 26.

Responsabilité des membres du conseil de surveillance et des fondateurs qui ont fait un apport ou stipulé des avantages particuliers, en cas d'annulation de la société. 78, 79. — Les tribunaux ne sont pas obligés de les déclarer responsables. 80. — Recours des membres du conseil de surveillance contre les gérants. 81. — Responsabilité des membres du conseil de surveillance qui sciemment laissent commettre des inexactitudes graves dans les inventaires ou qui, en connaissance de cause, consentent à la distribution de dividendes non justifiés par des inventaires sincères et réguliers. 98. — *Quid* si les membres du conseil de surveillance ont, en l'absence d'inventaires, consenti à la distribution de dividendes non réellement acquis à la société? 98. — Chacun des membres du conseil n'est responsable que de ses faits. 99. — Voy. *Dividendes*.

S

Simulation de souscriptions. Délit; peine. 108.

Simulation de versements. Eléments constitutifs de ce délit; peine. 108.

Société civile. Les sociétés en commandite par actions qui ont un objet purement civil sont régies par les dispositions de la loi du 17 juillet 1856. 29 *bis*.

Solidarité. Voy. *Commissaires, Responsabilité*.

Souscripteurs. Liste des souscripteurs. 7, 37. — Responsabilité des souscripteurs d'actions. 44. — Voy. *Cédant*.

Souscriptions d'actions. Voy. *Condition résolutoire, Provocation de souscriptions, Simulation de souscriptions*.

T

Tiers. Voy. *Nullité*.

Transaction. Voy. *Commissaires*.

Tribunal de commerce. Il nomme les commissaires lorsqu'ils ne peuvent être élus par l'assemblée générale ou spéciale. 123.

Troplong (M.). Son sentiment au sujet des réformes introduites dans la législation par la loi nouvelle. 25.

V

Valeurs de la société. Ce qu'on entend principalement par ces expressions dans l'art. 8 de la loi du 17 juillet 1856. 84.

Vérification. C'est un droit et un devoir pour les membres du conseil de surveillance de faire les vérifications énoncées dans l'art. 8 de la loi nouvelle. 83. — Ces vérifications peuvent être faites par chacun des membres, n'importe dans quel moment; ce qu'il convient de faire dans la pratique. 85.—Voy. *Apport, Caisse, Conseil de surveillance, Livres, Portefeuille, Valeurs.*

Versement. Etat des versements que le gérant doit annexer à sa déclaration. 37. — Versement du quart par chaque actionnaire. 30. — Mode de réalisation du quart du montant des actions. 35. — Versement des deux cinquièmes. 49, 51. — Voy. *Cession, Négociation, Provocation de versements, Publication, Simulation de versements.*

W

Wolowski (M.). Ses observations sur les projets de loi de 1838, 21.

FIN DE LA TABLE ALPHABÉTIQUE ET ANALYTIQUE.

APPENDICE

EXPOSÉ DES MOTIFS

du projet de loi relatif aux Sociétés en commandite par actions.

MESSIEURS,

La société en commandite offre une des plus ingénieuses et des plus utiles applications du principe d'association ;

Elle réunit à la plupart des avantages de la société anonyme presque tous ceux de la société en nom collectif;

Elle engage les capitaux des commanditaires, sans compromettre leur personne; en cela elle participe de la société anonyme; d'un autre côté, le pouvoir qui la dirige est centralisé comme dans la société en nom collectif; il a par conséquent la force et la liberté d'action si essentielle au succès des opérations industrielles et commerciales.

La division du capital social en actions au porteur a beaucoup contribué à rendre les sociétés en commandite populaires. Des titres qui peuvent être négociés sans frais, sans lenteurs, sans formalités, sans responsabilité, ont un attrait tout particulier, et par cela même un surcroît réel de valeur.

Ces différentes causes ont donné à l'établissement des sociétés en commandite par actions une impulsion dont il n'y aurait qu'à se féliciter si elle avait toujours été accompagnée de prudence, de modération et de loyauté.

Malheureusement, les actionnaires se sont laissé séduire par les plus folles espérances, et sont tombés dans les plus extravagantes exagérations. La mauvaise foi a compris tout ce qu'elle pouvait tirer de cette disposition des esprits; elle a, par les assertions mensongères des prospectus, fait croire à des bénéfices impossibles; elle a paru donner des garanties de crédit et de moralité en se plaçant sous le patronage nominal de personnes honorables; elle a, en exagérant la valeur de l'apport social, absorbé en grande partie dans l'intérêt des fondateurs les capitaux fournis par les commanditaires; elle a trouvé dans le mécanisme même de la commandite, dans la forme des actions, des moyens de réaliser des avantages illicites, entièrement indépendants du succès des opérations sociales.

En 1838, le mal avait fait de tels progrès, que le Gouvernement sentit la nécessité de prendre des mesures énergiques. Une loi fut présentée, qui prohibait d'une manière absolue les sociétés en commandite par actions. Une Commission nommée dans le sein de la Chambre des députés, et composée d'hommes dont les lumières, l'expérience et le caractère offraient les plus complètes garanties, se livra à une étude approfondie du projet. Après deux mois d'examen, elle déposa un rapport qui, en repoussant le système absolu du Gouvernement, présentait un ensemble de dispositions partant des mêmes principes et tendant au même but.

Le terme de la session était très-rapproché, la discussion ne put commencer; l'attention fut, dans la session suivante, attirée vers d'autres objets, et le projet fut oublié. Il est vrai de dire que le public, éclairé par le scandale de certaines entreprises et par l'éclat de quelques débats judiciaires, se montra moins facile et moins crédule. Ce serait cependant une grave erreur de penser qu'il n'y eut plus de manœuvres coupables et de commandites organisées par la fraude; seulement les spéculations dolosives devinrent moins hardies, et les actionnaires plus circonspects.

Lorsque, par l'effet des troubles civils et des agitations politiques, l'essor de l'industrie et la confiance des capitaux se trouvaient comprimés, comme personne ne songeait à former des sociétés sérieuses et honnêtes, personne ne pouvait espérer le succès de sociétés conçues dans des vues criminelles. Mais lorsque, l'ordre étant rétabli dans le pays et la sécurité rendue aux esprits, l'activité industrielle a pu reprendre son élan; lorsque le crédit public, s'appuyant sur les sympathies populaires, s'est montré sous des formes et avec une puissance jusqu'alors inconnues; lorsqu'une paix glorieuse est venue inspirer partout la confiance qui fait naître et réussir les grandes entreprises; lorsqu'en un mot la prospérité générale s'est manifestée par le nombre et l'importance des transactions, on a pu constater que les affaires équivoques, les spéculations frauduleuses, reprenaient aussi une funeste activité. Les annonces de sociétés en commandite par actions ont de nouveau paru, exposant les plus étranges projets, demandant des capitaux considérables, promettant des bénéfices immenses, employant tous les moyens de séduction déjà connus, et en imaginant d'autres au besoin.

Les leçons de l'expérience n'ont point suffi pour empêcher ces manœuvres de produire leurs déplorables effets, et il n'y a que trop d'exemples des sociétés dont les actions, avilies presque le lendemain de leur émission, ont entraîné la ruine de ceux qui ont eu la folie de les accepter.

Le Gouvernement, ému à la vue de ces désordres, a résolu d'y mettre un terme et d'en prévenir le retour. Il ne saurait tolérer que des intérêts nombreux restent exposés sans protection aux entreprises de la fraude; il désire surtout, répondant au vœu de la conscience publique, prévenir par de sages précautions et même atteindre par de justes châtiments des faits qui échappent à l'application des lois existantes, mais qui blessent ouvertement les règles de la morale.

En prenant cette détermination, il y avait un écueil à éviter. Les dispositions ayant pour but de déjouer et de punir les combinaisons déloyales doivent réserver à l'industrie, au commerce, aux inventions utiles, la liberté qui leur est nécessaire. Le projet de loi concilie dans une juste mesure la répression qui doit atteindre les actes coupables, et l'indépendance qu'il faut laisser aux volontés privées dans la formation des contrats.

Les stipulations et les ruses dont on fait usage pour attirer l'argent dans les sociétés en commandite sont variées; mais, bien examinées, elles rentrent dans un cercle assez étroit et se réduisent à quelques procédés qui, différant par les détails, sont au fond et en réalité les mêmes. L'exagération de la valeur des apports en nature, la distribution des actions d'après cette appréciation; la forme au porteur, qui donne une si dangereuse facilité pour se défaire d'actions mal acquises, et sans qu'on puisse suivre leurs traces dans les mains qui se les transmettent; la valeur nominale, rendue à peu près illusoire par la faculté de faire des versements minimes au moment de l'émission; la composition des conseils de surveillance, dans lesquels on entre soit par faiblesse, soit par calcul, souvent avec de mauvais desseins, presque toujours dans la pensée qu'aucune responsabilité n'est attachée aux fonctions qu'on accepte; enfin, les distributions de dividendes fictifs pris sur le capital social, tantôt à l'insu des conseils de surveillance, tantôt de connivence avec eux: telles sont les manœuvres le plus fréquemment employées pour tromper le public. C'est là qu'il faut défendre, empêcher ou punir.

En outre, depuis quelque temps on a pu remarquer que, dans beaucoup de statuts, le capital social est divisé en fractions d'une très-faible valeur. Il y a des actions de 50 fr., de 20 fr., de 5 fr. On comprend quelle classe de personnes on veut exploiter, et à quelle espèce de capitaux on fait appel lorsqu'on émet de pareilles valeurs. Les actions réduites à de si misérables proportions sont destinées à ceux qui, par leur condition sociale, sont le moins capables d'apprécier les chances auxquelles ils s'exposent; évidemment elles sont faites pour s'introduire dans les plus petites bourses, celles, précisément, pour lesquelles les pertes sont le plus cruelles; elles sont préparées pour s'emparer des modestes économies qui, au lieu de se hasarder dans les périls de la spéculation, doivent aller s'accumuler dans les Caisses d'épargne. C'est surtout pour la protection de ces intérêts que la loi doit se montrer vigilante et sévère.

On aurait pu, sans entreprendre la tâche toujours délicate d'opposer une prohibition et même une peine à chaque fait blâmable ou nuisible, proscrire les sociétes en commandite par actions, ou les soumettre à l'autorisation du Gouvernement. Mais supprimer l'usage pour empêcher l'abus est un procédé violent; c'est une extrémité à laquelle il ne faut avoir recours que lorsqu'il est impossible d'employer des moyens plus modérés. La société en commandite par actions est entrée profondément dans les habitudes du monde industriel; on ne doit pas méconnaître qu'elle lui a rendu de véritables services, en donnant le moyen d'exécuter ce qui, sans elle, aurait été impossible. Il a donc paru sage et utile de maintenir en principe la liberté de former des associations en commandite par actions, en prescrivant des règles, en imposant des restrictions telles, que la fraude et la mauvaise foi soient réduites à l'impuissance.

Ces règles et ces restrictions sont contenues dans les articles 1, 2, 3, 4, 8 et 9 du projet.

Ces articles fixent d'abord la somme au-dessous de laquelle ne pourront descendre les fractions du capital social, quelle que soit leur dénomination.

Ils préviennent ainsi des inconvénients et des dangers dont il fallait surtout se préoccuper, puisqu'ils menacent les intérêts si précieux des classes laborieuses.

Les mêmes articles subordonnent la constitution de la société au versement effectif d'une partie du capital social qui consiste en argent, et sans lequel il est presque toujours impossible de commencer de sérieuses opérations.

Ils exigent que ce versement soit constaté par acte notarié, afin de prévenir autant que possible les simulations.

Ils ne permettent pas que les actions soient au porteur avant leur entière libération. Ainsi, chaque négociation d'actions non entièrement libérées, lorsque cette négociation sera licite, révèlera le nom des négociateurs; on ne pourra plus trafiquer en secret de titres équivoques.

Chaque souscripteur originaire est déclaré responsable du paiement total du prix des actions qu'il a souscrites. Sans doute cette responsabilité est la conséquence des principes généraux en matière d'obligations conventionnelles, mais elle a été contestée; il était utile de l'établir en termes formels; il était surtout nécessaire de la placer au-dessus des stipulations particulières, au moins dans une certaine mesure. L'art. 3 contient une disposition qui permet de réduire la responsabilité, mais seulement jusqu'à concurrence de moitié du montant de chaque action.

Le même article veut que les actions ne soient négociables que lorsque le versement des deux cinquièmes aura été fait. Des dispositions analogues, fondées sur les mêmes motifs, sont écrites dans les lois du 15 juillet 1845 et du 10 juin 1853, relatives aux actions des chemins de fer. Ces lois n'ont jamais été entendues en ce sens, que les actions fussent frappées par elles d'une absolue indisponibilité. Il a été, au contraire, expliqué et reconnu qu'une cession régulière par acte, soit notarié, soit sous signatures privées, qu'une donation dans les formes légales, que tous les autres modes autorisés par le droit civil, pourraient être mis en usage pour la transmission des titres non négociables. La loi actuelle est conçue dans le même esprit; elle ne prohibe que la négociation.

L'art. 4 prescrit l'établissement, dans toute société, d'un conseil de surveillance. Il détermine le nombre de ses membres, le mode et le moment de sa constitution, ainsi que les époques périodiques de réélection.

Il veut qu'il soit composé d'actionnaires. Des associés ne peuvent raisonnablement confier la défense de leurs intérêts qu'à ceux avec lesquels ces intérêts sont communs.

Ainsi disparaîtront des conseils de surveillance ces membres parasites, dont plusieurs peuvent avoir l'honnête pensée d'accorder un patronage honorable à d'utiles entreprises, mais dont la plupart sont choisis afin que leurs noms servent en quelque sorte d'enseigne à la société, et qui acceptent le mandat de surveillance qui leur est conféré sans avoir l'intention d'apporter à son accomplissement toute la diligence, toute l'exactitude que les actionnaires auraient le droit d'attendre d'eux.

Dans les art. 8 et 9 sont indiqués les droits et les devoirs les plus importants des conseils de surveillance.

La loi, en les retraçant, ne fonde rien de nouveau; elle rappelle ce qui a été trop souvent oublié ou méconnu.

Il était principalement essentiel de dire que les conseils de surveillance doivent s'assurer de l'exactitude et de la fidélité des inventaires; que c'est pour eux une obligation impérieuse de s'opposer aux distributions de dividendes fictifs, c'est-à-dire qui ne représentent point des bénéfices réels.

Presque tous les autres articles du projet ne sont que la sanction de ceux qui viennent d'être analysés.

L'art. 5 déclare nulle, à l'égard des intéressés, toute société qui a été constituée contrairement aux dispositions des articles précédents.

C'était le moyen le plus naturel d'assurer l'observation des règles établies.

Le mot *intéressés*, emprunté à l'art. 42 du Code de commerce, est pris dans l'acception que lui a déjà donnée la jurisprudence.

Une autre espèce de sanction, non moins efficace, se trouve dans l'article 6.

Cet article fait peser sur les membres du conseil de surveillance la responsabilité des infractions qui auront entraîné la nullité de la société.

Il n'y a rien en cela que d'éminemment juste. Avant d'accepter les fonctions qui lui sont offertes, chacun des membres du conseil peut facilement vérifier si le taux des actions est conforme à l'art. 1er; si la réalisation du quart du numéraire promis comme apport à la société a été constaté par un acte notarié; si les actions sont en la forme prescrite par l'art. 2; si aucune des clauses des statuts ne s'écarte des règles tracées dans les art. 3 et 4, 7 et 8. Cette vérification mettra à couvert la responsabilité des associés qui se seront chargés des fonctions du conseil de surveillance. Ils ne pourront donc être compromis que par une négligence bien extraordinaire, ou par la volonté de s'engager dans une association contraire à la loi.

La règle est la même pour les fondateurs.

Toutefois, il ne suffira point d'avoir concouru à la formation d'une société pour être déclaré responsable. Celui-là seul, entre les fondateurs, sera exposé à l'action des intéressés qui aura stipulé à son profit quelque avantage particulier, ou qui aura fait un apport en nature, ce qui est trop souvent un procédé pour se procurer des bénéfices auxquels ne participent point les autres associés.

L'art. 7 est l'un des plus importants du projet.

Il a pour but la répression d'un moyen de fraude très-commun, très-dangereux, très-difficile à saisir, l'exagération de la valeur de l'apport social.

Il n'est personne qui ne sache avec quelle audace et quel succès ont été pratiquées les manœuvres de ce genre.

Désormais elles seront à peu près impossibles.

L'associé qui aura fait un apport dont la valeur réelle aura été exagérée de plus de moitié, sera tenu envers tout intéressé de réparer le dommage que lui aura causé cette exagération.

Il est vrai qu'en général, la lésion, quelque considérable qu'elle soit, n'autorise point les majeurs à demander soit la rescision du contrat, soit la réparation du dommage qu'ils éprouvent. Mais il y a des exceptions à cette règle; il y en a pour les ventes d'immeubles; il y en a pour les partages entre cohéritiers, et par conséquent pour les partages entre associés.

Sans doute cette faculté de se soustraire aux effets de son consentement doit être rarement accordée; mais elle peut l'être surtout lorsqu'il s'agit des conventions qui sont plus spécialement soumises au principe de l'égalité, ou lorsque l'un des contractants était exposé plus que tout autre à être induit en erreur.

L'une et l'autre raison justifient le recours que donne le projet aux membres des sociétés en commandite par actions trompés sur la véritable valeur de l'apport. « L'égalité, disait le Tribunat dans ses observations sur l'art. 1872 du Code civil, l'égalité, qui est l'ame de tout partage, appartient plus particulièrement encore à celui d'une société, *dont elle constitue la nature et l'élément.* » Qui, d'ailleurs, ignore avec quelle facilité et quelle imprudence se laisse entraîner la foule des actionnaires. Est-ce qu'il y a de leur part examen de la valeur des apports en nature? est-ce qu'il y a, à cet égard, ce consentement libre, éclairé, réfléchi, qui rend les conventions immuables? L'expérience n'a que trop prouvé le contraire.

L'évaluation de certains objets qui sont fréquemment compris dans les apports sociaux pourra présenter quelquefois des difficultés. Les mines, les inventions, les usines, les clientèles, ont une valeur incertaine en elle-même, variable selon les événements, et sur laquelle se trompent ou se divisent les hommes les plus expérimentés; cela est incontestable.

Mais, d'abord, l'appréciation se fera toujours eu égard à l'état de choses au moment où l'apport sera entré dans la société; le bon sens l'indique et le texte le déclare. Les magistrats sauront bien qu'ils doivent tenir compte des changements survenus et faire la part des circonstances. En second lieu, il ne s'agira pas de rechercher une exagération peu considérable : elle devra être de plus de moitié. Dans de telles proportions, l'appréciation est bien moins difficile. Enfin, dans les partages, on est obligé et l'on parvient à estimer les mêmes objets avec exactitude, puisque la lésion de plus du quart donnerait naissance à l'action en rescision. Pourquoi ne serait-on pas aussi heureux ou aussi habile dans les actes de société? Tous les jours, enfin, le jury d'expropriation règle les indemnités dues pour des fonds de commerce, des achalandages, des établissements industriels; l'application de la loi ne rencontrera donc point d'obstacles insurmontables. Dans le doute, au surplus, les évaluations faites par les actes de sociétés seront maintenues par les tribunaux.

Le gérant qui aura accepté un apport exagéré pourra être déclaré solidairement responsable des condamnations prononcées contre celui qui aura fait l'apport. Sans son concours, le dommage n'aurait pas eu lieu : il doit contribuer à le réparer. Enfin, s'il y a eu dol, ou si des manœuvres constituant un délit ont été employées pour dissimuler l'exagération et tromper la société, l'action en rescision pourra être intentée, et le Code pénal sera appliqué s'il y a lieu.

Après avoir, dans les art. 8 et 9, indiqué les devoirs des conseils de surveillance, il fallait prévoir les cas où ces devoirs ne seraient pas remplis. Il eût été trop rigoureux d'imposer une inflexible responsabilité même pour les plus légères infractions; c'est pour les plus considérables seulement que la loi réserve sa sévérité. L'art. 10 déclare les membres des conseils de surveillance responsables lorsque, sciemment, ils auront laissé commettre des inexactitudes graves dans les inventaires, ou lorsque, en connaissance de cause, ils auront consenti à la distribution de dividendes fictifs. Savoir qu'il y a de graves inexactitudes dans les inventaires et les laisser subsister; consentir à des distributions de dividendes, quand on sait qu'ils ne sont point pris sur des bénéfices réels, c'est au moins une faute lourde, qui engage nécessairement la responsabilité de celui qui la commet.

Pour que le but poursuivi par le projet dans les art. 1, 2, 3 et 4 fût sûrement atteint, une sanction efficace était indispensable : il fallait punir de peines sévères tous ceux qui, dans une intention coupable, violeraient ces prescriptions de la loi, notamment ceux qui émettraient les actions d'une société dont les statuts seraient en opposition avec les art. 1 et 2; ceux qui négocieraient des actions dont la valeur ou la forme s'écarterait des règles prescrites par les mêmes articles, ou pour lesquelles le versement exigé par l'art. 3 n'aurait pas été effectué; ceux, enfin, qui publieraient d'une manière quelconque la valeur des mêmes actions. On ne pouvait également laisser impuni le gérant qui, au mépris de l'art. 4, commencerait les opérations sociales avant d'avoir donné aux actionnaires la garantie d'un conseil de surveillance légalement constitué.

Dans tous ces cas, soit qu'on examine les intentions, soit qu'on s'attache aux conséquences des faits, soit qu'on apprécie l'intérêt qu'on peut avoir à commettre les infractions, on reconnaît la nécessité d'une pénalité élevée.

En conséquence, aux termes des art. 11, 12 et 13, l'émission, la négociation des actions dont nous venons de parler, la publication de leur valeur, les opérations sociales prématurément commencées, sont punies correctionnellement; elles constituent des délits de même nature, entre lesquels cependant il a été juste d'établir des nuances, selon le degré de culpabilité des agents et l'imminence du mal qu'il s'agissait de prévenir.

L'émission, la négociation et la publication seront souvent le fait commun de plusieurs personnes; les principes généraux sur la complicité détermineront celles qui seront punissables.

Une disposition spéciale est consacrée aux agents de change. Si leur caractère d'officiers ministériels semblait appeler sur eux une pénalité plus rigoureuse, il ne fallait pas oublier que l'avantage résultant pour eux du délit sera toujours minime, et qu'ils resteront exposés aux poursuites disciplinaires, dont les conséquences peuvent être si terribles. Ces considérations ont fait réduire, dans l'art. 13, les peines édictées par les art. 11 et 12.

Après les explications qui ont été précédemment données sur ce qu'on doit entendre dans l'art. 3 par l'expression actions *non négociables*, il n'est pas possible que l'on confonde la négociation coupable avec la transmission licite, opérée par les voies qu'autorisent les lois civiles.

Ce qui est défendu et puni, c'est la négociation à la Bourse, ou ailleurs, avec ou sans l'intermédiaire d'agents de change, tantôt au moyen de procurations en blanc, tantôt par d'autres procédés, par tradition manuelle, par endossement, par transfert signé sur les registres de la société, en un mot par les voies commerciales. Déjà la jurisprudence, interprétant la loi du 15 juillet 1845, a fait cette distinction; les tribunaux n'auront qu'à la suivre si l'exécution de la loi actuelle donne naissance aux mêmes difficultés.

Il serait désirable que toutes les prescriptions du projet pussent régir les sociétés actuellement existantes. Le principe de la non-rétroactivité des lois ne le permet pas; mais il n'est point un obstacle à l'application immédiate des dispositions qui se bornent à établir des règles d'administration, à organiser des moyens de surveillance qui ne modifient point les rapports des associés entre eux, et qui, par conséquent, ne touchent point aux droits acquis.

Se fondant sur cette distinction, l'art. 15 prescrit, dans un délai qu'il détermine, la formation dans toutes les sociétés d'un conseil de surveillance, composé comme l'ordonne l'art. 4, et ayant les fonctions qu'énumèrent les art. 8 et 9.

L'art. 15 dit en outre, par renvoi à l'art. 10, que si dans l'avenir les membres d'un conseil nouvellement constitué laissent sciemment commettre des inexactitudes graves dans les inventaires, ou consentent en connaissance de cause à des distributions de dividendes fictifs, ils seront responsables. Aucune accusation de rétroactivité ne peut être adressée à cette disposition de la loi. Sans doute elle s'adresse à des sociétés formées avant sa promulgation; mais, d'une part, elle ne règle que les conséquences de faits qui s'accompliront sous son empire, et, d'un autre côté, elle est bien moins une règle nouvelle que la déclaration d'une règle déduite des principes de la législation existante.

Toutes les fois que dans le sein des sociétés où l'on compte beaucoup d'associés se sont élevées des contestations, le nombre des parties, la difficulté de les connaître, l'éloignement des domiciles, ont entraîné des frais, des lenteurs, des embarras considérables. En permettant à tous les actionnaires de se faire représenter par des commissaires nommés en assemblée générale, en accordant aussi à des groupes d'actionnaires la faculté de choisir entre eux des commissaires spéciaux, selon que tous les associés, ou seulement quelques-uns d'entre eux, seront engagés dans les contestations soutenues dans un intérêt collectif, le projet simplifie les procédures et diminue, par conséquent, les dépenses dans une grande proportion. En même temps, et par une précaution qu'il eût été imprudent d'omettre, il réserve à chacun le droit d'intervention. Celui qui manquera de confiance dans les mandataires choisis par ses co-intéressés pourra se défendre lui-même, mais à la condition de supporter seul tous les frais que sa présence aura causés, quelle que soit la décision qui intervienne sur un procès auquel il pouvait rester étranger.

Nous sommes convaincus, et nous espérons que le Corps Législatif sera convaincu comme nous, que l'ensemble des dispositions que nous venons lui soumettre atteindra complètement le but que s'est proposé le Gouvernement, qu'il déjouera les fraudes, préviendra les abus, sans nuire à la formation et au développement des sociétés loyales.

Si les gens honnêtes, craignant d'assumer la responsabilité imposée aux gérants, aux fondateurs, aux membres des conseils de surveillance, effrayés par des pénalités qui ne peuvent atteindre que des actes coupables, devaient désormais refuser leur concours à la constitution et à l'administration des sociétés en commandite par actions, cela serait sans doute profondément regrettable. Mais les esprits les plus timorés ne sauraient, en y réfléchissant, s'abandonner à de pareilles inquiétudes. Gérants et fondateurs n'auront rien à redouter lorsque les dispositions si simples et si précises, relatives au taux des actions, à leur forme, à leur négociation, à la constitution de la société, à l'établissement du conseil de surveillance et à l'exagération de l'apport auront été observées.

La vérification de ces différents points n'exigera ni connaissances spéciales, ni profonde investigation; un coup d'œil jeté sur les statuts suffira pour voir si les règles prescrites ont été fidèlement suivies.

Pour les membres de conseils de surveillance, l'examen sera encore plus facile, puisque leur responsabilité est moins étendue.

Ils devront, il est vrai, prendre au sérieux leurs attributions, surtout empêcher les distributions de dividendes fictifs. Mais ce n'est pas réellement le projet qui crée pour eux cette obligation ; elle est fondée sur des principes aussi anciens que les sociétés ; elle naît de la nature même des choses. Qui dit *conseil de surveillance* indique assez les devoirs de ceux qui le composent.

Si ces devoirs, mal compris, ont souvent été négligés, non-seulement on ne peut se plaindre de la loi qui les rappelle, qui les précise, qui en montre les conséquences ; chacun doit, au contraire, accueillir avec un sentiment de reconnaissance ses salutaires avertissements.

Nous avons l'honneur, Messieurs, de vous proposer l'adoption du projet de loi suivant.

Signé à la minute :

VUILLEFROY, *président de section ;*

DUVERGIER, *conseiller d'Etat, rapporteur.*

Certifié conforme :

Le Maître des Requêtes, secrétaire général du conseil d'Etat,

Signé : F. BOILAY.

PROJET DE LOI

SUR LES SOCIÉTÉS EN COMMANDITE PAR ACTIONS.

ART. 1er.

Les sociétés en commandite ne peuvent diviser leur capital en actions ou coupons d'actions inférieures à cent francs lorsque ce capital n'excède pas deux cent mille francs, et à cinq cents francs lorsqu'il est supérieur.

Elles ne peuvent être définitivement constituées qu'après la réalisation, entre les mains des gérants, du quart au moins de la partie du capital social qui consiste en numéraire.

Cette réalisation doit être constatée par acte notarié.

ART. 2.

Les actions des sociétés en commandite sont nominatives jusqu'à leur entière libération.

ART. 3.

Les souscripteurs d'actions dans les sociétés en commandite sont responsables du paiement du montant total des actions par eux souscrites.

Il ne peut être dérogé à cette prescription que jusqu'à concurrence de de moitié de chaque action.

Les actions ou coupons d'actions ne sont négociables qu'après le versement des deux cinquièmes.

ART. 4.

Un conseil de surveillance, composé de cinq actionnaires au moins, est établi dans chaque société en commandite par actions.

Ce conseil est nommé par l'assemblée générale des actionnaires immédiatement après la constitution définitive de la société, et avant toute opération sociale.

Il est soumis à la réélection tous les cinq ans au moins.

ART. 5.

Est nulle et de nul effet, à l'égard des intéressés, toute société en commandite par actions constituée contrairement à l'une des prescriptions énoncées dans les articles qui précèdent.

Cette nullité ne peut être opposée aux tiers par les associés.

ART. 6.

Lorsque la société est annulée aux termes de l'article précédent, les membres du conseil de surveillance peuvent être déclarés responsables, solidairement et par corps avec les gérants, de toutes les opérations faites postérieurement à leur nomination.

La même responsabilité solidaire peut être prononcée contre ceux des fondateurs de la société qui ont fait un apport en nature, ou au profit desquels ont été stipulés des avantages particuliers.

ART. 7.

Lorsqu'un associé a fait, dans une société en commandite par actions, un apport dont la valeur réelle était inférieure de plus de moitié à la valeur pour laquelle il a été mis dans la société, tout intéressé peut demander, contre celui qui a fait l'apport, la réparation du dommage à lui causé par l'exagération de cet apport, sans préjudice de toute autre action pour fait de dol.

Le gérant qui a accepté l'apport peut être déclaré solidairement responsable du montant des condamnations prononcées.

La demande n'est plus recevable après l'expiration de deux années à compter de la publication de la société.

ART. 8.

Les membres du conseil de surveillance ont le droit de vérifier les livres, la caisse, le portefeuille et les valeurs de la société.

Ils surveillent les inventaires et s'opposent à ce qu'il soit distribué des dividendes fictifs.

ART. 9.

Le conseil de surveillance peut convoquer l'assemblée générale. Il peut aussi provoquer la dissolution de la société.

ART. 10.

Les membres du conseil de surveillance sont responsables, solidairement et par corps, avec les gérants :

1° Lorsque, sciemment, ils ont laissé commettre dans les inventaires des inexactitudes graves, préjudiciables à la société ou aux tiers ;

2° Lorsqu'ils ont, en connaissance de causes, consenti à la distribution de dividendes non justifiés par inventaires sincères et réguliers.

ART. 11.

L'émission d'actions ou de coupons d'actions d'une société constituée contrairement aux art. 1 et 2 de la présente loi, est punie d'un emprisonnement de huit jours à six mois, et d'une amende de cinq cents francs à dix mille francs, ou de l'une de ces peines seulement.

Est puni des mêmes peines le gérant qui commence les opérations sociales avant l'entrée en fonctions du conseil de surveillance.

ART. 12.

La négociation d'actions ou de coupons d'actions dont la valeur ou la forme serait contraire aux dispositions des art. 1 et 2 de la présente loi, ou pour lesquels le versement des deux cinquièmes n'aurait pas été effectué conformément à l'art. 3, est punie d'une amende de cinq cents francs à dix mille francs.

Toute publication quelconque de la valeur de ces actions est punie des mêmes peines.

ART. 13.

Tout agent de change qui prête son ministère à l'un des faits prévus par les deux articles précédents, est puni des peines prononcées par l'art. 13 de la loi du 15 juillet 1845.

ART. 14.

Lorsque les actionnaires d'une société en commandite par actions ont à soutenir collectivement et dans un intérêt commun, comme demandeurs ou comme défendeurs, un procès contre les gérants ou contre les membres du conseil de surveillance, ils sont représentés par des commissaires nommés en assemblée générale.

Lorsque quelques actionnaires seulement sont engagés comme demandeurs ou comme défendeurs dans la contestation, les commissaires sont nommés dans une assemblée spéciale, composée des actionnaires parties au procès.

Dans le cas où un obstacle quelconque empêcherait la nomination des commissaires par l'assemblée générale ou par l'assemblée spéciale, il y sera pourvu par le tribunal de commerce sur la requête de la partie la plus diligente.

Nonobstant la nomination des commissaires, chaque actionnaire a le droit d'intervenir personnellement dans l'instance, à la charge de supporter les frais de son intervention.

ART. 15.

Les sociétés en commandite par actions actuellement existantes sont tenues, dans le délai de six mois à partir de la promulgation de la présente loi, de constituer un conseil de surveillance.

Ce conseil est nommé conformément aux dispositions de l'art. 4.

Il exerce les droits et remplit les obligations déterminés par les articles 8 et 9 ; il est soumis à la responsabilité prévue par l'art. 10.

A défaut de constitution d'un conseil de surveillance dans le délai ci-dessus fixé, chaque actionnaire a le droit de faire prononcer la dissolution de la société.

L'art. 14 est également applicable aux sociétés actuellement existantes.

Ce projet de loi a été délibéré et adopté par le conseil d'Etat dans ses séances des 23 et 24 mai 1856.

Le Président du conseil d'Etat,
Signé : J. BAROCHE.

Le Maître des Requêtes, secrétaire général du conseil d'Etat,
Signé : F. BOILAY.

Certifié conforme :

Le Maître des Requêtes, secrétaire général du conseil d'Etat,
Signé : F. BOILAY.

(Annexe au procès-verbal de la séance du Corps Législatif du 28 mai 1856.)

RAPPORT

FAIT

au nom de la Commission (1) chargée d'examiner le projet de loi relatif aux sociétés en commandite par actions,

Par M. J. LANGLAIS (Sarthe),

Député au Corps Législatif.

MESSIEURS,

La Commission que vous avez chargée d'examiner le projet de loi relatif aux sociétés en commandite par actions, a cru répondre au vœu du Corps Législatif en s'occupant sans relâche de la mission qui lui était confiée. Elle considère que, pour ces sortes de questions, il n'est pas

(1) Cette Commission était composée de MM. Schneider, *président;* Busson, *secrétaire;* le vicomte de Kervéguen, Bertrand (Yonne), Langlais, Riché, Vernier.

Les conseillers d'Etat, commissaires du Gouvernement, chargés de soutenir la discussion du projet de loi, étaient : MM. Vuillefroy, président de section, et Duvergier.

bon que les intérêts demeurent incertains. C'est pour cette raison qu'elle a consacré, chaque jour, de longues séances à ses délibérations; et elle espère que le Corps Législatif ne se séparera pas avant d'avoir voté cette loi importante.

Quel est l'esprit de cette loi nouvelle? quel en est le but? C'est ce qu'il importe de préciser. La loi qui régit, en France, le contrat de société est envisagée à des points de vue bien opposés. Cette loi paraît aux uns bonne, assez large pour les conceptions sages, suffisamment protectrice de tous les intérêts. On l'accuse, d'un autre côté, d'être imprévoyante, étroite ou arriérée. La puissance qui naît de l'association des capitaux et de l'industrie; ses applications aux grandes entreprises du crédit et du travail; les changements qu'elle amène dans les fortunes; ses succès, trop souvent suivis de ses revers; tout ce mouvement semble comme une nouveauté dans la société; on dirait que la loi a été prise au dépourvu, et on ne demande pas moins qu'une réforme radicale.

C'est surtout dans les temps de crise que se produisent ces opinions absolues. Nous avons été témoins, une première fois, de ce spectacle sous la dernière monarchie. L'industrie, longtemps languissante, s'était ranimée; l'esprit de spéculation s'empara de la société, il enflamma les imaginations, et ce fut bientôt comme une sorte de fièvre universelle. La cupidité rend crédule et téméraire; on enviait ces fortunes rapides dont la conquête ne coûte ni travail ni peine, et l'on se jeta à l'envi dans les folles entreprises. La leçon arriva vite; et, de tant d'affaires annoncées avec fracas et souvent tombées avec scandale, il ne restait que le regret de s'être montrés dupes, aveugles, et d'avoir servi d'instrument à des fortunes mal acquises.

La confiance des victimes n'est certes ni une excuse, ni une absolution pour les coupables; mais, au lieu de faire la part aux erreurs des hommes, on s'en prit un peu trop à la loi de tous ces mécomptes; et c'est à la loi surtout qu'on fit le procès. Le Gouvernement entra dans cette voie; et une forme de société, qui est enracinée dans les mœurs commerciales, se trouva proscrite. Le projet de loi de 1838 proposait de supprimer la société en commandite par actions.

L'industrie a besoin d'ordre, de sécurité, de paix; et, depuis que la France jouit de ces biens, nous assistons au réveil de son activité, de son génie et de sa puissance. Les affaires équivoques, les mauvaises spéculations se sont montrées aussi; et, à vingt ans de distance, ont reparu le même langage, les mêmes promesses, les mêmes moyens de séduction. Le temps n'a pas beaucoup marché, et déjà il n'y a que trop d'exemples de sociétés dont les actions avilies ont amené des pertes regrettables. On s'est remis alors à douter de la loi; on voudrait que l'Etat prît en quelque sorte la tutelle directe des capitaux; qu'il substituât sa modération et sa prévoyance à cet élan libre, souvent impétueux, de l'esprit individuel qui égare quelquefois, mais qui est aussi une force vive de notre nation.

Le premier éloge que mérite la loi, c'est d'avoir repoussé pour l'Etat cette tutelle dangereuse et de maintenir dans sa base le contrat de société tel que l'a fait le travail du temps. On oublie trop, en effet, que le législateur moderne, en cette matière, a plutôt classé qu'il n'a innové. Il y a des siècles que les principes du contrat de société ont été posés, d'abord chez ce peuple romain, qui n'a pas seulement agité le monde par ses armes, mais qui l'a remué par l'activité et la grandeur de son commerce; puis dans ce moyen-âge qui créa tout par l'association, dans cette Italie alors si industrieuse et si riche avec ses spéculateurs portant les plus grands noms de Florence ou de Gênes, tour à tour marchands et hommes d'Etat, couvrant les mers de vaisseaux, l'Europe de comptoirs, mêlés à toutes les affaires, prêtant aux souverains et tenant dans leurs mains tout le crédit de l'Occident; puis encore dans cette France du XVIe et du XVIIe siècle, où, à la voix de Sully, de Richelieu, de Colbert et de Louis XIV, des associations entreprenaient de vastes travaux de dessèchement, ou bien s'en allaient, au-delà des mers, coloniser des terres immenses.

C'étaient des sociétés qui, à Rome, exploitaient la banque, les fournitures des armées; qui avaient la ferme des impôts; qui se livraient aux plus grandes entreprises de terre et de mer. La *commande* ou commandite remplit le moyen-âge; elle a été un des grands instruments qui ont donné l'élan aux capitaux. La division du capital social en actions est un fait constaté avant la fin du XVIe siècle. Ces sociétés par actions étaient innombrables, en France, avant la révolution : l'exploitation des mines, des canaux, des fabriques et des manufactures, les plus grandes entreprises, comme celles d'une moindre importance, se constituaient sous cette forme. On s'effrayait déjà de leur abus, et on n'a rien écrit de plus saisissant sur l'agiotage que le traité de d'Aguesseau sur le commerce des actions.

La révolution arrêta ce mouvement industriel; mais, quand la France put respirer sous le Consulat, les mêmes besoins ramenèrent bientôt les mêmes combinaisons, et de grandes sociétés vivaient organisées dans des conditions très-diverses lors de la discussion des Codes. Depuis deux siècles, le droit commercial français avait reçu de la main de Louis XIV l'ordonnance de 1673, un des plus beaux monuments de son génie.

Rien ne manquait donc pour l'enseignement du législateur, ni le spectacle de l'industrie honnête et laborieuse, ni le souvenir des ruses de la fraude et des surprises de l'agiotage, ni l'éclat des catastrophes qui suivent les entreprises aventureuses. On avait vu tomber et cette grande compagnie de Saint-Christophe dont les propriétés étaient des royaumes, et cette compagnie des Indes-Orientales qui avait pour commanditaires Louis XIV et Colbert. La banque de Law avait été le prétexte d'un jeu effréné. Les actions avaient monté jusqu'à quarante fois au-delà de leur valeur d'émission; les fortunes s'élevaient et se détruisaient en un jour. Cette frénésie passa de France en Angleterre et en Hollande; la banqueroute, la fraude, des entreprises imaginaires y bouleversèrent le patrimoine des familles.

Le législateur du Code de commerce ne marchait donc pas dans une carrière inconnue; depuis des siècles l'institution fonctionnait; elle avait eu ses heures de crise et ses temps de grandeur et de prospérité; l'expérience était longue, complète, et on put faire, avec le concours des tribunaux et du commerce, une loi qui ne s'offre à nous que comme la formule de tout ce que le passé présentait de faits considérables en industrie et en économie. C'est ainsi que la société collective, la société anonyme, la société en commandite, connues sous d'autres noms, mais pratiquées depuis des siècles, vinrent prendre place dans la législation.

Ces formes diverses d'association correspondent, en effet, à des situations diverses aussi et observées longtemps. Il y a une nature d'affaires qui exigent, avec une communauté d'efforts, avec une responsabilité commune, une confiance réciproque, les mêmes vues et une sympathie d'idées et de caractère; c'est pour cette classe de personnes et pour cette catégorie d'intérêts que la loi a créé la société en nom collectif.

D'autres affaires demandent beaucoup de capitaux et de longues années. Les grands travaux d'utilité publique sont de ce nombre. On rencontrerait difficilement, pour ces vastes entreprises, un homme assez riche pour offrir une responsabilité sérieuse, et assez téméraire pour en prendre le fardeau. La concurrence n'est pas pressante, le but est lointain; l'unité, la promptitude dans l'action ont moins d'utilité. C'est pour cette nature d'affaires que la loi a créé la société anonyme, simple association de capitaux, dans laquelle toute individualité, toute responsabilité, disparaissent.

On comprend pour cette espèce de société l'intervention préalable de l'Etat. L'esprit d'indépendance en a quelquefois murmuré; mais ses plaintes sont vaines et irréfléchies. Lorsqu'une société cache aux yeux du public toute sa personnalité, lorsque les créanciers n'ont pour gage qu'un actif impossible à vérifier, la fraude est à craindre; une mauvaise combinaison, une mauvaise gestion, peuvent compromettre la fortune des actionnaires, altérer le crédit; et dès lors un haut intérêt d'ordre public demande que le contrôle de l'autorité supplée à l'absence de cette responsabilité dont la société anonyme est seule dispensée.

Le commerce offre des affaires où l'association du capital et de l'industrie est indispensable, des entreprises qui exigent des capitaux qu'on trouverait difficilement dans quelques mains. C'est une fabrique à faire valoir, une manufacture à créer, une invention à exploiter. La concurrence est vive; on a besoin d'unité dans la direction, de spontanéité dans l'action, d'à-propos dans les expédients, de liberté toujours. C'est à cette situation que correspond la société en commandite.

La responsabilité se déplace dans ce genre de société. La solidarité ne pèse plus sur tous les associés, comme dans la société collective. Les créanciers de la société n'ont une action personnelle, indéfinie et solidaire que contre les associés gérants. Les autres associés, les commanditaires, ne sont engagés que jusqu'à concurrence de leurs mises.

Cette organisation est simple, et la commandite n'a pris une si grande place dans le mouvement commercial que parce que les avantages en sont incontestables et frappants. Le capitaliste qui entre dans cette société rêve trop souvent de gros dividendes; mais il sait d'avance à quoi sa perte est limitée. Voilà le premier avantage, la sécurité.

La division du capital en actions est un autre attrait non moins séduisant. On aime ces valeurs mobiles qui passent rapidement de main en main et presque sans frais. La commandite enfin a comme un gouvernement organisé pour toute la durée de ses opérations. Tandis que l'administration d'une société anonyme, élective et mobile, dépendante de majorités plus ou moins éclairées, s'embarrasse dans des formes qui nuisent à la rapidité des résolutions, celle d'une commandite fonctionne avec unité, promptitude et liberté. L'existence des gérants est liée à son sort; ils prospèrent avec elle, ou se ruinent avec elle. Voilà quelle est la commandite quand elle a le bonheur d'avoir des gérants habiles et honnêtes; mais elle devient la pire des combinaisons lorsqu'elle tombe entre les mains des incapables et des prodigues, et sa ruine arrive bientôt par l'effet de cette puissance même qui ne trouve plus ni frein ni contre-poids suffisants.

Telle est la sphère dans laquelle peut se mouvoir, en France, l'esprit d'association. Le commerce est entré dans cette carrière, et il y marche avec fermeté. La société collective est devenue florissante entre les mains de nos négociants, de nos armateurs, de ces industriels sages et résolus, qui travaillent sans bruit et dédaignent l'agiotage.

La puissance des sociétés anonymes est visible plus que jamais, et c'est une des grandeurs de notre pays et de notre temps que leur épanouissement merveilleux. Chemins de fer, canaux, crédit public, elles alimentent tout, elles fécondent tout; ce n'est pas seulement la fortune de la France, c'est celle de l'Europe qui vient s'engager dans ces vastes entreprises, et sur quel gage? Sur la confiance dans l'Etat qui veille sur ces grands intérêts si intimement liés à la prospérité publique.

La société en commandite s'est développée dans des proportions bien plus considérables encore. Les abus qui en ont été faits dans des moments de vertige ne doivent pas rendre injustes pour une combinaison dont le principe est ingénieux et fécond. Oui, des entreprises ont été conçues sans réflexion et sans maturité; quelques-unes n'ont été imaginées que comme un moyen de battre monnaie au profit de hardis spéculateurs; d'autres ont été mal exploitées, ont gaspillé des ressources précieuses. Cependant les commandites par actions ont servi de base à de grandes, à de solides entreprises financières; elles ont concouru d'une manière honorable et pour une large part au progrès du travail et de l'industrie.

Le projet de loi soumis à vos délibérations s'est abstenu avec sagesse de porter aucune atteinte à cette grande classification du contrat de société, qui n'a pris place dans la loi que parce qu'elle était entrée profondément dans les habitudes et les mœurs commerciales de la nation. Son unique objet, c'est la société en commandite par actions.

Quel est le caractère saillant de cette loi nouvelle? Nous osons dire que c'est un grand respect pour la liberté de l'industrie. Le Gouvernement part de ce point — et votre Commission s'associe complètement à cette haute pensée — que, même au prix des abus dont n'est exempte aucune institution humaine, la vie de l'association, c'est la liberté. L'industrie est jalouse de son indépendance; elle ne subit qu'avec défiance le contrôle de l'autorité; elle en redoute les lenteurs; elle y craint trop d'arbitraire, mêlé à trop de puissance. On peut croire enfin que cette tutelle, nécessairement bornée, ne dédommagerait ni les associés de cette vigilance, de cette initiative, de cette ardeur qu'inspire l'intérêt personnel, ni les tiers de cette prudence que commande aux gérants le sentiment de la responsabilité, qui les atteint dans leur fortune, leur liberté et leur honneur.

Tout homme qui crée une entreprise doit donc pouvoir choisir la forme d'association qui convient à son industrie. La loi n'intervient pas dans les contrats particuliers; c'est au fondateur à fixer son capital, à déterminer la durée de la société, à créer les actions, à organiser les assemblées des associés, à appeler les capitaux, à régler leur destination et leur emploi; à faire, en un mot, ces stipulations si variées qui constituent la charte de chaque société. Là est l'empire de la liberté.

Cependant l'abus est bien voisin de la liberté, et l'esprit d'agiotage touche de près à l'esprit de spéculation. Or, ce qui est redoutable, c'est cet esprit de jeu qui, à certaines époques, tend à prévaloir dans la société; car tout ce qui introduit le hasard parmi les hommes, les corrompt. On entend du bruit, on voit de l'activité; mais c'est une activité vicieuse : elle rend la nation inquiète, cupide, téméraire, d'économe et de laborieuse qu'elle était auparavant.

L'élan qui porte les capitaux vers l'association mérite, à cet égard, toute la sollicitude de l'Etat. C'est, en effet, une force considérable que toutes ces sociétés, qui empruntent à la presse sa rapidité et son influence; qui sont répandues dans tout le pays; qui y vivent affranchies de contrôle, et qui peuvent jeter une masse énorme de titres au porteur sur le marché. On peut mesurer cette puissance par le nombre de ces sociétés et par leurs capitaux.

L'exposé des motifs du projet de loi de 1838 portait à un milliard environ l'évaluation du capital des sociétés fondées pendant les douze années précédentes, soit sous la forme anonyme, soit sous la forme de commandite. Ce chiffre est aujourd'hui dépassé dans des proportions considérables. L'état officiel des sociétés anonymes en porte le nombre au chiffre de 351, parmi lesquelles 252 ont un capital divisé en actions. Leur valeur totale s'élève à 1,929,000,000, à près de 2 milliards. Nous n'avons pas le chiffre des sociétés en commandite; mais un seul journal, le *Journal général d'Affiches*, en a publié 457 à Paris dans l'espace de temps compris entre le 1er juillet 1854 et le 30 juin 1855. Leur capital nominal s'élevait presque à un milliard; dans ce nombre, 225 avaient divisé leur capital en actions, et ce capital était de 968,000,000. Ainsi une seule année voit naître, à Paris, plus de sociétés en commandite qu'il n'y a de sociétés anonymes de toute date et pour toute la France; et ce capital d'une seule année atteint la moitié de celui de toutes les sociétés anonymes existantes!

Lorsque ces associations sont sérieuses, honnêtement conçues, loyalement conduites, l'Etat n'a point à s'en inquiéter; l'animation qu'elles excitent, c'est la vie, c'est la lutte légitime et féconde des intérêts. Autrement, ce peut être le danger public : et là commence le devoir de la prévoyance de l'Etat.

Citons un exemple trop fréquent. Voilà une société qui s'établit avec un capital important; le fondateur en a dressé l'acte, soit seul, soit avec un petit nombre d'associés; l'apport, c'est un immeuble déjà déprécié ou un procédé sans valeur. On sait que les petits capitaux sont nombreux; ce sont des salaires, des économies péniblement amassées. La loi les sollicite pour la Caisse d'épargnes, cette providence des classes laborieuses; on va les tenter, les séduire par l'appât de bénéfices exagérés. Le fondateur s'est réservé des avantages outrés; les souscripteurs accourent au bruit des prospectus; la société est constituée et marche; le conseil de surveillance est aveugle ou reste silencieux; on leurre les associés par la distribution de dividendes; mais c'est aux dépens du capital social. Pendant tout ce temps, on a joué sur les actions de ces entreprises; les fondateurs se sont enrichis; puis la société tombe, et que reste-t-il? quelques gens crédules, qui n'ont en retour de leur argent que du papier sans valeur!

Supposez maintenant que ces sociétés se multiplient, et le caractère national s'y prête plus qu'en aucun autre pays; il y a longtemps, en effet, que d'Aguesseau, écrivant son mémoire sur le commerce des actions, disait : « Le Français n'a pas changé de caractère depuis Jules « César. Extrême en tout, il passe sans milieu de l'excès de la confiance « à l'excès de la défiance. Il n'y a point de pays où l'on *puisse hasarder* « *plus aisément des entreprises qui ne roulent que sur l'opinion.* » Supposez donc que les capitaux soient détournés souvent des affaires utiles, pour se perdre dans ces régions stériles, le crédit public ne serait-il pas compromis? N'y a-t-il pas un grand intérêt à ce que ces fraudes soient réprimées? Tous ces petits capitaux qu'on égare ne méritent-ils pas protection? La loi doit-elle, par un vain respect de la liberté d'industrie, demeurer impuissante devant ces associations, inventées pour récolter des primes, et qui mériteraient mieux le nom de loteries que celui de sociétés?

Le Gouvernement ne l'a pas pensé, avec grande raison; et c'est contre ces associations qu'est dirigé le projet. La loi ne touche pas à la liberté de l'industrie; ce qu'elle veut atteindre, c'est la société qui n'est pas sérieuse, qui n'est pas honnête.

Les signes auxquels on la reconnaît ne sont pas incertains. Ainsi, toute société grevée d'un apport social notablement exagéré est évidemment une déception pour les associés. Toute société dont le capital n'est pas réellement souscrit, qui n'a que des joueurs au lieu d'actionnaires, n'est que l'ombre d'une société, un instrument d'agiotage, une cause de ruine pour le public. Toute société où le contrôle des intéressés ne s'exerce pas avec sincérité et liberté, où l'on trompe sur l'état vrai de l'entreprise, n'est pas une société honnête. C'est à toutes ces fraudes que s'attaque la loi ; ce sont celles qu'elle veut réprimer, dans l'intérêt de la morale, de la bonne industrie, des fortunes privées et du crédit public. Quels sont les moyens à l'aide desquels elle espère atteindre ce but désirable ? C'est ce qui nous reste à examiner.

Formation de la Société. — Emission et négociation des Actions.

La loi s'occupe d'abord de la constitution de la société. Les fondateurs de commandite jouissent, sous ce rapport, d'une liberté complète. Nulles règles sur la division du capital de la société en actions, sur leur forme, sur le moment où la société doit commencer ses opérations, sur la responsabilité des premiers souscripteurs.

Cette liberté absolue est favorable aux combinaisons de la fraude et de la mauvaise spéculation. D'abord, la faculté de fractionner indéfiniment le capital social a conduit à émettre des coupons de la plus étrange exiguité. Il y a des sociétés dont les actions sont de 25 fr., de 15 fr., de 10 fr., de 5 fr. ; on dit même de 1 fr. Ces actions s'adressent aux plus petites bourses, à cette partie de la population qui est la moins instruite, la plus accessible aux entraînements. C'est pour ces sortes d'affaires qu'on prodigue les promesses les plus extravagantes : on agiote, on joue sur ces valeurs imaginaires.

Les vraies sociétés ne comportent pas de pareils titres ; ce ne sont plus des actions, ce sont des billets de loterie. Le projet les supprime par l'article premier, et dispose que toute action ne doit pas être d'une valeur moindre de 500 francs quand le capital social est supérieur à 200,000 francs. Lorsque ce capital n'excède pas 200,000 francs, toute action ou coupon d'action ne peut descendre au-dessous de 100 francs.

Votre Commission a donné son approbation complète à cette partie de la loi. Le moyen d'avoir des sociétés sérieuses, c'est de n'y appeler que des associés suffisamment intéressés. Il nous a paru que le minimum de 500 francs est la juste limite ; il comporte les gros capitaux, et n'éloigne pas les capitaux moyens, qui sont l'aliment indispensable des entreprises.

L'exception, s'appliquant aux sociétés dont le capital n'excède pas 200,000 francs, était commandée par la nature des choses ; elle tournera au profit des petites associations, ou de ces entreprises modestes réclamées par l'intérêt communal ou départemental, et qui sont inspirées bien moins par la spéculation que par le patriotisme local.

L'absence des règles sur la constitution des sociétés est encore une source d'abus. Le fondateur d'une société émet ses actions et appelle le public. Les actionnaires viennent, mais en petit nombre ; l'affaire n'en est pas moins constituée, soit dans l'intérêt seul du gérant, soit qu'on se berce d'espérance et d'illusions. L'entreprise prend ainsi aux yeux du public une apparence trompeuse de vitalité ; on marche, on attend vainement les capitaux qui ne viennent pas ; et l'on va, de déceptions en déceptions, jusqu'à la ruine et à la faillite.

Le remède radical, ce serait le versement de tout le capital avant la constitution de la société ; mais, d'un côté, on rendrait la formation des sociétés trop difficile, et, d'autre part, ce paiement anticipé serait une perte réelle pour la circulation et la production, et aurait pour conséquence d'accumuler, dans la caisse d'une compagnie, des fonds dont elle n'aurait pas toujours un emploi immédiat.

Le versement d'une portion du capital n'a aucun de ces inconvénients, et il est, dans une certaine mesure, une garantie pour les souscripteurs et pour le public. Le projet dispose que cette fraction, qui devra être préalablement réalisée, sera du quart au moins de la partie du capital social qui consiste en numéraire. Nous avons proposé, et le conseil d'Etat a adopté, que cette réalisation doit avoir lieu par le versement du quart sur le montant de chaque action.

Le paiement de la totalité du capital social avant la constitution de la société offrirait des dangers ; mais la souscription intégrale de ce capital n'en présente aucuns, et c'est vraiment un des signes auxquels on reconnaît qu'une société est sérieuse et qu'elle ne deviendra pas une déception pour les tiers et pour les souscripteurs. On l'exige toujours quand il s'agit d'une société anonyme. Votre Commission en a fait l'objet d'un amendement qui a été admis par le conseil d'Etat.

Le projet de loi prescrivait que la réalisation fût constatée par acte notarié. Cette disposition, qui imposait à l'officier public des recherches souvent difficiles dans la pratique, et dont sa responsabilité aurait pu s'inquiéter, nous a paru être remplacée utilement par une nouvelle rédaction. Nous avons proposé que le versement préalable du quart et la souscription fussent l'objet d'une déclaration notariée par le gérant, qui serait tenu d'y joindre la liste des souscripteurs et l'état des versements. C'est à la fois une preuve à l'appui de la sincérité de la déclaration, et un document important, en cas de poursuite des premiers souscripteurs pour défaut de paiement des actions. Nous avons pensé, enfin, qu'il convenait de laisser aux fondateurs de sociétés toute liberté de rédiger les statuts sociaux, soit par actes privés, soit devant notaires ; mais que, dans l'intérêt des actionnaires, le dépôt de l'acte était indispensable. Le conseil d'Etat a admis tous ces amendements.

On stipule quelquefois, dans les actes de société, qu'une portion seulement du capital social sera émise provisoirement, et on abandonne au gérant, soit seul, soit avec l'autorisation du conseil de surveillance, la faculté de faire émission d'une nouvelle série d'actions. De là peuvent naître des abus de toute sorte, et nous avions proposé qu'on subordonnât cette émission à la double condition que le capital primitif fût recouvré en totalité, et que l'assemblée générale des actionnaires eût donné une autorisation. Le Conseil d'Etat a rejeté cet amendement.

Quelle sera la forme des actions? Actuellement elles peuvent être soit nominatives, soit au porteur, au gré des fondateurs. Cette liberté doit-elle être maintenue? C'est une question qui appelait l'attention du législateur.

Personne, en effet, n'ignore les abus auxquels a donné lieu le droit de créer des actions au porteur dès l'origine d'une société. L'action au porteur d'une négociation si facile, si prompte, qui ne laisse aucune trace de son passage, se prête merveilleusement au jeu et à l'agiotage. Telle personne, qui ne voudrait pas mettre sa signature sur un papier décrié par l'opinion, voit ses scrupules s'évanouir quand son nom doit rester caché. Parmi tous ces souscripteurs qui s'agitent à l'annonce d'une entreprise nouvelle, combien n'y en a-t-il pas qui n'entrent dans la société que pour en sortir le plus vite possible; qui courent après des bénéfices sans risque; qui attendent tout de la prime des actions, et rien de la société? C'est l'émission des titres qui est devenue le commerce lui-même; c'est sur ces titres, c'est sur des promesses, sur de simples éventualités, avant toute opération sociale, que s'établit la hausse ou la baisse; puis on se retire de cette société, qu'on n'a fait que traverser, pour courir à d'autres spéculations.

La Commission de la Chambre des Députés, frappée déjà, en 1838, de ces abus, si favorisés par les actions au porteur, proposa d'en interdire l'émission. Votre Commission a été saisie de la même proposition par un amendement de l'honorable M. Millet.

La nécessité d'adopter une mesure si radicale ne nous a point été démontrée. L'action au porteur est entrée dans les habitudes commerciales; et, renfermée dans de justes bornes, c'est une heureuse conception du crédit. Nous préférons la combinaison présentée par le projet de loi dans l'article second.

Cet article dispose que les actions des sociétés en commandite sont nominatives jusqu'à leur entière libération. La loi se proposant de diminuer l'agiotage et de constituer des sociétés sérieuses, cette disposition rentre dans son esprit. C'est surtout à l'origine des sociétés qu'il faut saisir l'agiotage; car c'est alors que le charlatanisme agit avec succès. On est encore dans l'inconnu, dans la période des illusions et des entraînements; plus tard, le capital sera versé; l'entreprise aura marché; on saura ce qu'elle produit. Or, l'obligation d'être en nom jusqu'au versement de tout le capital, tend évidemment à éloigner des sociétés tous ces actionnaires nomades qui, n'y apparaissant que pour jouer sur les titres, n'apportent aussi à la société qu'un capital factice et une ombre de vitalité.

Le projet atteint ce but, d'une manière plus directe et plus sûre encore, en disposant, dans l'article troisième, que les souscripteurs d'actions sont responsables du montant intégral de ces actions. Cette disposition a pour elle le droit; elle offre, il est vrai, des inconvénients; mais elle a ce grand avantage, celui qui nous touche surtout, c'est qu'elle attache aux sociétés des commanditaires sérieux, vraiment intéressés à leurs destinées. On n'a pas un capital vraiment souscrit quand le souscripteur originaire peut se retirer d'une entreprise après un versement partiel ; c'est compromettre le succès de la société. Viennent les orages, et ce capital disparaît, s'évanouit, emportant avec la fortune et la liberté du gérant la garantie des tiers et des créanciers.

Fidèle à cette pensée, votre Commission a proposé au conseil d'Etat de supprimer le second paragraphe de l'article troisième, qui permet de déroger, par des conventions, à cette prescription, jusqu'à concurrence de la moitié de chaque action. Le conseil d'Etat a adopté cet amendement.

La loi n'atteindrait pas son but si elle laissait une liberté complète pour la négociation des titres. Reproduisant des dispositions analogues, qui sont écrites dans les lois du 15 juillet 1845 et du 10 juin 1853, relativement aux actions des chemins de fer, le projet veut que les actions des commandites ne soient négociables qu'après le versement des deux premiers cinquièmes.

Votre Commission ne pouvait que donner son assentiment à cette disposition. Elle entend, comme l'exposé des motifs, que la loi ne frappe pas ces actions d'une indisponibilité absolue. Elles peuvent être cédées par tous les modes qu'autorise le droit civil ; ce que la loi interdit, c'est la négociation, c'est la transmission par la voie commerciale.

La loi serait vaine si, après avoir déterminé la valeur des actions, leur forme et leurs conditions d'émission, elle n'attachait pas une sanction pénale à la violation de ces prescriptions. Tel est l'objet des articles 11, 12 et 13 du projet.

L'article 11 punit l'émission d'actions ou de coupons d'actions d'une société constituée contrairement aux deux premiers articles de la loi. L'article 12 réprime la négociation d'actions ou de coupons d'actions dont la valeur et la forme seraient contraires aux articles 1 et 2 du projet, ou pour lesquels le versement des deux cinquièmes n'aurait pas été effectué.

Le même article atteint la publication de la valeur de ces actions. Votre Commission a pensé qu'il convenait d'ajouter l'intermédiaire au publicateur ; qu'aucune distinction ne devait être faite entre ces intermédiaires, et qu'il convenait de supprimer l'article 13 du projet relatif aux agents de change.

Le conseil d'Etat a adopté notre amendement.

La partie de la loi que nous venons d'examiner a été l'objet de deux amendements. Le premier, dont l'auteur est l'honorable M. Latour-Dumoulin, et qui porte les signatures de quarante-deux de nos collègues, est ainsi formulé : « Les sociétés en commandite par actions, « ayant pour objet l'achat et la vente des valeurs industrielles, devront, « dans le mois qui suivra la promulgation de la présente loi, se pour- « voir devant le Gouvernement, afin d'être autorisées à se transformer « en sociétés anonymes. »

L'honorable M. Latour-Dumoulin ne propose pas, comme on voit, d'interdire à toute société de se former pour l'achat et la vente des valeurs industrielles; ce qu'il veut, c'est qu'une société de cette nature prenne la forme anonyme. Nous faisons remarquer encore que la prohibition ne portant que sur les valeurs industrielles, des sociétés pourraient, dans ce système, s'établir pour l'achat et la vente des effets publics. Enfin, ce n'est pas seulement l'avenir qu'il s'agirait de régler; ce serait le passé; et s'il existait aujourd'hui des sociétés de cette nature, il faudrait les liquider, et cela dans le délai d'un mois. Cette dernière considération seule eût été décisive contre l'amendement.

Le second amendement, présenté par l'honorable M. Devinck, est ainsi conçu : « Il est interdit aux sociétés en commandite dont le capi-« tal est divisé en actions au porteur, de se livrer habituellement aux « opérations de bourse qui ont pour objet l'achat et la vente des effets « publics, actions industrielles ou commerciales. »

On voit que ce qui est prohibé par l'amendement, c'est l'habitude des opérations de bourse. Peut-être pourrait-on se demander ce qui constituerait ici l'habitude, comment elle serait constatée, à quelles recherches seraient livrées toutes les sociétés. Mais ne nous arrêtons pas à ces objections de détail que nous pourrions multiplier; c'est par des considérations plus générales et d'un autre ordre que nous avons cru devoir rejeter les deux amendements.

Votre Commission a rendu justice au sentiment plein de moralité qui les a inspirés; ce qui a été la pensée dominante de nos honorables collègues, c'est la crainte que de pareilles sociétés ne puissent devenir, à un moment donné, des instruments de jeu et d'agiotage. Votre Commission considère que ce serait aller bien loin d'interdire, à raison de ces dangers possibles, l'achat et la vente des effets publics, des actions industrielles, c'est-à-dire de ces titres qu'il est licite de vendre, qui doivent être négociés, dans l'intérêt de l'Etat, comme dans celui de ces innombrables porteurs, qui ont besoin d'avoir un marché.

Votre Commission considère qu'il y aurait quelque chose d'anormal à accorder aux sociétés anonymes ce qu'on refuse aux sociétés en commandite, à permettre aux commandites par actions nominatives ce qu'on défendrait aux commandites par actions au porteur, à empêcher qu'une société ne fît ce qu'une banque a le droit de faire tous les jours, à interdire aux petits capitaux réunis d'opérer comme les gros capitaux.

Votre Commission considère encore que, appeler ainsi l'Etat à la direction du crédit, ce serait lui faire un présent dangereux. Le Conseil d'Etat s'est longtemps refusé à élever les établissements de banque au rang des sociétés anonymes. Les autorisations qu'on accorde dans ce genre sont bien rares encore et une sorte d'exception. La raison est qu'un établissement de finances offre des dangers particuliers et ne comporte pas une surveillance ordinaire. L'Etat ne doit être le tuteur des capitaux que dans une mesure bien restreinte : il les protége contre la fraude, il ne les dirige jamais.

La loi nouvelle tend à diminuer l'agiotage, en éloignant les joueurs des sociétés en commandite, par la forme des actions, par la responsabilité qu'elle impose aux souscripteurs originaires. Le Gouvernement n'est pas allé plus loin; il n'a proposé aucune mesure qui touche, de près ou de loin, au genre de sociétés, objet des deux amendements. Votre Commission en a conclu qu'il n'aperçoit, pour le présent, aucun danger qui doive éveiller la sollicitude des pouvoirs publics, et il lui a paru qu'il est sage de ne pas le devancer dans cette voie, où ne l'appelle aucune disposition de la loi nouvelle.

Des Apports.

L'expérience a montré que le public est souvent trompé, à l'origine des sociétés, par la valeur exagérée qu'on prête aux apports. Tout le monde est d'accord sur le mal, mais les opinions sont bien divergentes sur le remède à y apporter. On était frappé, en 1838, de la facilité que l'action au porteur donne aux artisans de ces fourberies pour en réaliser le fruit; et on crut que ce serait un préservatif si la loi interdisait de donner des actions de la société en représentation des apports. L'honorable M. Delamarre (Somme) est entré dans cet ordre d'idées, et propose par un amendement que le prix de l'apport consiste toujours dans une part des bénéfices nets de l'entreprise.

Le projet de loi produit un système nouveau. Tout associé qui fait un apport serait soumis pendant deux ans à une action en dommages-intérêts.

Votre Commission a d'abord constaté une omission dans le projet : on prévoit l'exagération dans les apports, on se tait sur celle des avantages particuliers que le gérant ou les fondateurs stipulent si souvent à leur profit. La combinaison tout entière lui a paru défectueuse, et en voici les motifs. La règle, en matière de droit commun, c'est que les conventions font la loi des parties. La loi y a dérogé pour les mineurs (art. 1305), et jamais pour les majeurs, si ce n'est en cas de partage (art. 887) et en cas de vente (art. 1674), mais seulement au profit du vendeur. On a considéré que celui qui vend un immeuble peut se trouver dans une nécessité pressante; que son consentement peut n'être pas libre, et quand il a subi une lésion qui excède les sept douzièmes, la loi lui confère une action en rescision. La raison de la loi pour les mineurs s'explique d'elle-même; et quant aux partages, on n'est restituable pour fait de lésion que parce qu'elle est envisagée comme une erreur de compte.

La légèreté de ceux qui souscrivent des actions est quelquefois bien grande; mais il est pourtant impossible que la loi les considère comme des mineurs; que le contrat de société soit l'équivalent d'un acte de partage, et que cet actionnaire qui apporte son argent dans une société, qui vient librement adhérer à ses statuts, soit traité comme le vendeur d'une propriété, qui, hésitant entre la ruine ou la honte, finit par opter pour la ruine. Le consentement est ou n'est pas; s'il n'y a pas de liberté, c'est le contrat même qui se trouve anéanti; l'actionnaire n'a pas droit seulement à une réparation, il a droit à la rescision du contrat, et il faut lui rendre son argent. Voilà la première nouveauté de la loi.

Le projet en offre une seconde. L'action résultant de la lésion n'est pas admise par nos lois quand il s'agit de meubles. On en donna une raison décisive lors de la discussion du Code : c'est que le prix des meubles est changeant; c'est que ces objets étant soumis à toutes sortes de variations de valeur, il serait impossible de trouver un terme de comparaison assez positif pour établir le prix juste et réel au moment du contrat. L'action serait ici une cause de trouble et d'inquiétude.

Reportons-nous maintenant au contrat de société. Le Code Napoléon (art. 1833) laisse aux parties, en fait de mise sociale, la plus large latitude. « Chaque associé, dit-il, doit apporter ou de l'argent, ou d'autres biens, ou une industrie. » C'est là une sphère immense; elle comprend non-seulement toutes les choses matérielles, mais encore les facultés intelligentes de l'homme, les inventions de son esprit, le travail de ses mains.

Le projet ne distinguant pas entre les apports, il suit de là que l'action porterait même sur l'apport mobilier; et quel est le délai de cette action? c'est un délai de deux années.

Votre Commission est aussi pénétrée que le Gouvernement de la nécessité d'un remède à des abus trop fréquents; mais le remède ne doit pas être un mal nouveau. Or, c'est une carrière bien périlleuse que celle dans laquelle entreraient les sociétés. Saisissez, en effet, par la pensée, tout ce qu'un souscripteur mécontent, un concurrent jaloux, pourraient apporter d'entraves dans la marche d'une société: les procès avec leur scandale; les enquêtes et les expertises avec leurs lenteurs, avec les pertes qu'elles occasionnent; les jugements mêmes, avec leur incertitude. Comment apprécier d'une manière sûre, à deux années de distance, la valeur qu'on pouvait attacher, par exemple, à une industrie, au concours d'un individu, à un procédé industriel, à une invention, au moment de la formation d'une société? L'exposé des motifs répond que c'est possible; nous le voulons bien, mais du moins on ne niera pas que cette action, inventée pour ce souscripteur téméraire qui ne s'est pas donné la peine de s'enquérir, ne soit une source intarissable de difficultés et de procès, et qu'elle ne pèse autant sur les bonnes que sur les mauvaises sociétés.

Toutes ces considérations ont frappé, comme nous, quelques-uns de nos collègues; de là des amendements. L'honorable M. Delamarre (Somme) a proposé de restreindre les dispositions de l'article 7 à l'apport des objets matériels; l'honorable M. Dalloz a proposé d'excepter l'apport d'un brevet ou d'une clientèle. Les honorables MM. Du Miral et Du Marais ont proposé l'expertise. Dans le système de M. Du Miral, l'expertise serait facultative : elle serait demandée au tribunal par l'associé qui voudrait se prémunir contre les recherches des intéressés.

Votre Commission a proposé au conseil d'Etat une autre combinaison qui a aussi ses inconvénients, mais qui du moins n'est en opposition avec aucun principe et n'offre aucun danger. Les actionnaires sont souvent trompés sur la valeur des apports et sur les avantages que se réservent certains fondateurs de sociétés. Quelle en est la cause? C'est que généralement ils souscrivent plutôt sur la foi d'un prospectus qu'après examen et sur le vu des statuts. Or, souvent le prospectus, qui exagère la valeur de l'apport social, dissimule, au contraire, celle des avantages. Le contrat se forme ainsi sans réflexion et sans contradiction.

Voilà la vraie source des abus; on les diminuerait beaucoup si la loi donnait aux souscripteurs les moyens de vérifier, et si on les mettait, en quelque sorte, en demeure de ne s'engager qu'après examen et avec maturité. Le souscripteur trompé n'aurait, en tous cas, à s'en prendre qu'à lui-même et à sa légèreté; et le recours lui resterait ouvert pour la fraude et pour le dol.

Procédant dans cet ordre d'idées, nous avons proposé qu'une assemblée des actionnaires fût réunie après la souscription et le versement d'une partie du capital social. L'objet de cette réunion serait de pourvoir aux moyens de faire vérifier la valeur de l'apport et apprécier les avantages particuliers conférés à certains associés. L'assemblée se réunirait de nouveau après cette vérification; la majorité prononcerait, et, si elle approuvait l'apport, la société serait constituée.

L'amendement de votre Commission était ainsi formulé :

« Lorsqu'un associé fait, dans une société en commandite par actions, « un apport en immeubles ou en valeurs autres que du numéraire, ou « qu'il stipule à son profit des avantages particuliers, l'évaluation de « cet apport et l'appréciation de ces avantages sont faites avant toute « opération sociale.

« L'assemblée générale des actionnaires, convoquée à cet effet, nomme « une Commission de contrôle composée de trois membres.

« Il est adjoint à cette Commission un ou plusieurs experts étrangers « à la société, et nommés à la requête de la partie la plus diligente, « et aux frais de la société, par le président du tribunal civil.

« Cette Commission fait un rapport sur lequel, en cas de désaccord, « chaque membre doit exprimer séparément son opinion personnelle. « Ce rapport est discuté dans une nouvelle assemblée d'actionnaires. « L'assemblée approuve ou rejette l'apport à la majorité des voix; dans « le cas d'approbation, la société est définitivement constituée.

« Le rapport de la Commission de contrôle est remis signé au gérant, « pour être déposé dans les archives de la société. Les procès-verbaux « des deux délibérations sont annexés à l'acte de la société.

« L'associé qui a fait l'apport assiste aux deux assemblées, mais n'a « pas voix délibérative. »

Cette combinaison n'a aucun des inconvénients qu'entraîne le projet de loi; l'acquiescement de l'associé est sérieux, donné en connaissance de cause; c'est en un mot la vérité substituée à la fiction. Cette vérification apporterait, il est vrai, un certain retard dans la formation des sociétés; mais le danger, à l'origine d'une société, n'est pas dans la lenteur; il est plutôt dans la précipitation. Aujourd'hui une pareille mesure serait souvent illusoire; et le gérant aurait trop de moyens de surprendre l'approbation des souscripteurs. Le régime nouveau des sociétés offrirait, sous ce rapport, une garantie qu'il ne faut pas oublier. Le gérant, en effet, se trouverait en présence non plus d'une majorité souvent fictive et complaisante, mais d'actionnaires sérieux, porteurs d'actions nominatives et responsables du paiement intégral des actions. Cet amendement, qui offrait peut-être l'inconvénient de contenir des formes de vérification trop arrêtées, n'a point été accueilli par le conseil d'Etat.

Votre Commission, qui, à l'unanimité, était défavorable à l'article 7 du projet, a cru devoir en appeler de nouveau à la sagesse du conseil d'Etat, et elle lui a présenté l'amendement suivant :

« Lorsqu'un associé fait, dans une société en commandite par actions, « un apport autre qu'en numéraire, ou stipule à son profit des avan- « tages particuliers, l'assemblée générale des actionnaires en fera véri- « fier et apprécier la valeur.

« La société ne sera définitivement constituée qu'après approbation « dans une assemblée ultérieure. »

Votre Commission a cru devoir déléguer son honorable président et deux de ses membres pour exposer au conseil d'Etat les motifs de cet amendement. Le conseil d'Etat a été touché des considérations graves sur lesquelles il se fondait; et, d'un commun accord, une disposition nouvelle a été introduite dans la loi.

Des Conseils de surveillance.

Le gérant, dans la commandite, est la personnification de la société. C'est en son nom que se fait tout le négoce, et c'est aussi lui seul qui est responsable. Cachés sous le voile de l'anonyme, les simples commanditaires forment une association de capitaux; le gérant donne le mouvement à ces fonds; il les fait fructifier par son intelligence, par son activité; et sa responsabilité vient fortifier la confiance qui repose déjà sur la richesse de la société.

L'omnipotence du gérant, quand il est inhabile ou infidèle, peut entraîner la perte de la société. La loi désarme-t-elle les associés? devront-ils assister, impuissants, à la ruine de l'entreprise, sans pouvoir prendre les mesures que réclame le salut commun? La raison dit assez qu'ils ont le droit d'exercer sur la gestion une surveillance profitable à l'intérêt social et à l'intérêt des créanciers. De là, l'habitude de créer dans les sociétés des commissions, généralement connues sous le nom de conseils de surveillance. C'est le contrôle à côté de l'action; voilà du moins ce qui devrait être ; mais ce qui est quelquefois une déception.

Le conseil de surveillance n'est, en effet, trop souvent qu'une décoration pour la société, une invitation à souscrire, un appel à la confiance. Le gérant a grand soin d'en choisir les membres, dans le contrat même de la société. L'entreprise se fonde, et l'actionnaire crédule, que certains noms avaient séduit, voit plus tard, dans ces mandataires imposés, rarement des hommes pénétrés du sentiment de leur mission, quelquefois des complaisants, le plus souvent des surveillants sans vigilance ou ne se permettant qu'avec crainte le plus légitime contrôle. Toute carrière reste ainsi ouverte aux erreurs, aux fautes des gérants ; et ce qui devrait être une garantie et de la bonne gestion et de la conservation des capitaux de la société, tend de jour en jour à devenir une institution vaine.

Tout le monde est frappé de ces abus; et la partie de la loi qui a pour but de les atteindre est celle qui a fait naître le plus d'amendements présentés à la Commission. Tantôt c'est le pouvoir du gérant qu'on proposait de restreindre ou d'entourer de nouvelles garanties; tantôt c'est aux conseils de surveillance qu'on demandait des gages. Ainsi l'honorable M. Du Miral voudrait que le gérant fût propriétaire, sauf une exception, du vingtième du capital; l'honorable M. Delapalme propose qu'il soit tenu d'immobiliser un certain nombre d'actions libérées. L'honorable M. Jubinal est d'avis que le même individu ne puisse être gérant à la fois de plusieurs sociétés en commandite.

MM. Delapalme, Du Miral, Delamarre (Somme) astreindraient à la même obligation d'être propriétaires d'un certain nombre d'actions, les membres du conseil de surveillance. L'honorable colonel Du Marais propose que le choix d'un membre appartienne au préfet du département où se trouve le principal établissement de la société. L'honorable M. Delamarre (Somme) estime que les conseils de surveillance doivent exercer les investigations les plus minutieuses sur tous les actes de la gérance, et propose de supprimer pour eux la pénalité prononcée par l'article 28 du Code de commerce, pour cause d'immixtion dans les opérations de la société. L'honorable M. Jubinal a proposé d'établir au Ministère du commerce un corps de commissaires des commandites, qui auraient pour mission la surveillance des sociétés.

Votre Commission s'est nettement refusée à entrer dans cet ordre d'idées et de combinaisons. Les avantages qu'elles présentent ne lui ont point échappé. Il est bon que le gérant soit attaché, par un intérêt fixe et permanent, à la bonne administration et au succès de la société. Le conseil de surveillance offrirait aussi plus de garanties si une partie de la propriété sociale résidait dans les membres qui le composent; mais la loi se trouverait ici entre deux écueils. Fixer la part du gérant et celle des membres du conseil de surveillance à un chiffre trop faible, c'est s'exposer à rendre la précaution illusoire ; l'élever trop haut, c'est se priver peut-être de concours utiles. Votre Commission a pensé que la loi n'avait point à intervenir dans ces sortes de stipulations; bien d'autres clauses des actes de société offrent aussi matière à des abus; et la loi qui voudrait tous les prévoir et les réprimer tous serait une loi aussi vaine que contraire à la liberté des transactions.

Votre Commission n'a pas voulu davantage toucher à la gérance. La puissance du gérant a ses inconvénients; mais elle tient indissolublement à sa responsabilité; et si vous supprimez cette responsabilité, ce n'est plus une société en commandite qui reste; c'est une sorte de société anonyme, sans les garanties que lui donne l'intervention de l'Etat. La pénalité attachée à l'immixtion est un autre principe de droit et d'ordre public. Le commanditaire jouit de la faveur de ne pouvoir être recherché que jusqu'à concurrence de sa mise, parce que devant le public il n'a engagé que ses fonds. Pourquoi ne serait-il pas responsable s'il vient à franchir cette limite, s'il administre et s'il offre sa personne aux tiers comme source de crédit, comme cause de confiance? On est aujourd'hui frappé du pouvoir du gérant; quand on discuta le Code de commerce, on l'était beaucoup de l'abus contraire. Des commanditaires, dirigeant la société sous le voile d'un mandat, mettaient à la gérance un prête-nom, et renversaient par là les garanties et les combinaisons de la commandite.

Tous ces systèmes écartés, reste le projet du Gouvernement. La loi exige que chaque société soit pourvue d'un conseil de surveillance composé de cinq membres. Ce conseil doit être nommé, non plus par les fondateurs de la société, mais par les actionnaires réunis en assemblée générale. La nomination doit suivre immédiatement la constitution définitive de la société et précéder toute opération sociale. On doit le réélire tous les cinq ans au moins.

Votre Commission, estimant qu'il pourrait être difficile, pour certaines sociétés, de constituer un conseil de surveillance composé de cinq membres, a proposé au conseil d'Etat de réduire ce nombre à trois membres pour minimum. Elle avait pensé aussi qu'il serait utile de soumettre le conseil à une réélection à la fin de la première année. On ne se connaît pas encore quand la première assemblée se réunit; c'est un peu au hasard qu'on procède dans l'élection; et le gérant a trop de facilités pour présenter ses candidats. Plus tard, l'entreprise a marché; on a pu apprécier. Le conseil d'Etat, saisi de ces amendements, a rejeté le minimum de trois membres et accueilli le second amendement.

Toute société en commandite par actions doit donc être pourvue d'un conseil de surveillance.

L'article 8 du projet détermine les attributions de ces conseils. Vérifier les livres, la caisse, le portefeuille et les valeurs de la société; voilà leur droit et leur devoir. Le projet ajoutait : « Ils surveillent les inven-« taires et s'opposent à ce qu'il soit distribué des dividendes fictifs. » Votre Commission a proposé d'y substituer la rédaction suivante, que le Conseil d'Etat a adoptée : « Ils font chaque année un rapport à l'as-« semblée générale sur les inventaires et sur les propositions de divi-« dendes faites par le gérant. »

Le rôle du Conseil de surveillance nous a paru, de cette manière, plus nettement déterminé. La loi n'entend pas, en effet, que le conseil de surveillance soit partie active dans la confection de l'inventaire; qu'il en puisse changer les bases, qu'il en fasse ce qu'on appelle le règlement. C'est un contrôle qui lui appartient; si l'inventaire ne lui paraît pas exact, il en appelle, par son rapport, à l'assemblée générale, qui juge.

Les membres du conseil de surveillance peuvent être, selon les articles 6 et 10 du projet, soumis à deux sortes de pénalités. Les premières, prévues par l'article 6, découlent de l'inobservation des règles prescrites pour la constitution des sociétés. Tout intéressé a le droit de demander la nullité de ces sociétés; et, lorsqu'elle est prononcée, les membres du conseil de surveillance peuvent être déclarés responsables des opérations faites après leur nomination.

Cet article n'a rencontré aucune opposition. La vérification que doit faire le conseil de surveillance est simple : le chiffre des actions est-il conforme à la loi? le capital social est-il intégralement souscrit? la déclaration du gérant constate-t-elle que le quart en numéraire est réalisé, etc., etc.? Nulle difficulté sous ce premier rapport.

L'art. 10 du projet édicte des pénalités qui tiennent à un autre ordre d'idées. Votre Commission avait proposé au conseil d'Etat de l'amender de la manière suivante :

« *Tout membre* d'un conseil de surveillance est responsable avec les « gérants, solidairement et par corps:

« 1° Lorsque sciemment il a laissé commettre dans les inventaires « des *énonciations ou omissions frauduleuses*, préjudiciables à la société « ou aux tiers;

« 2° Lorsqu'il a, en connaissance de cause, consenti à la distribution « de dividendes qu'il savait n'être pas justifiés par inventaires. »

La substitution des mots *tout membre* à ceux-ci : *les membres du conseil de surveillance*, avait pour but de mieux indiquer que, dans l'esprit de la loi, chaque membre n'était responsable que de son fait personnel, ce qui d'ailleurs était aussi la pensée du conseil d'Etat.

Cet amendement n'a été adopté qu'en partie, et l'art. 10 s'est trouvé ainsi rédigé définitivement :

« Tout membre d'un conseil de surveillance est responsable avec les « gérants, solidairement et par corps:

« 1° Lorsque sciemment il a laissé commettre dans les inventaires « des inexactitudes graves, préjudiciables à la société ou aux tiers;

« 2° Lorsqu'il a, en connaissance de cause, consenti à la distribution « de dividendes non justifiés par des inventaires sincères et réguliers. »

Les dispositions de l'art. 10 paraissent avoir produit quelque émotion. On s'en préoccupe pour les gérants et pour les sociétés; on signale les entraves qu'une surveillance minutieuse et tracassière peut apporter à la gestion; on craint que la responsabilité attachée aux fonctions des conseils de surveillance ne produise l'effet contraire à celui qu'on attend, qu'elle n'éloigne les hommes sérieux. Voyons ce qu'il y a de fondé dans ces craintes.

Votre Commission constate d'abord que la loi n'apporte aucun changement ni aux attributions ni aux devoirs des conseils de surveillance. La loi ne crée pas : elle déclare, elle rappelle des obligations, trop oubliées et trop méconnues. Les commanditaires ont toujours eu le droit de surveiller la gestion et de déléguer ce droit à ceux des associés qui jouissaient de leur confiance. La surveillance est un mandat, qui impose des devoirs. Les attributions existaient; mais elles n'étaient ni définies, ni précisées; on ne les exerçait qu'avec inquiétude, on redoutait de s'immiscer dans la gestion; la loi éclaire, et, sous ce premier rapport, elle est bien plus propre à donner la confiance et la sécurité qu'à inspirer la crainte.

L'esprit de la loi n'est pas davantage un esprit hostile à l'autorité du gérant. La loi n'admet pas que le conseil de surveillance puisse participer aux actes de gestion extérieurs et patents; là serait cette confusion qui amène la pénalité prononcée contre tout associé qui s'immisce dans l'administration. La loi n'admet pas même une intervention, pour ainsi dire domestique, dans la direction pratique et journalière des affaires. Un gérant n'est pas libre, quand un conseil d'intéressés lui trace la marche à suivre, prend part à chaque instant à ses opérations, indique celles qui sont à faire, lui demande compte de ses projets, de ses relations, de ses secrets de fabrication. Le conseil de surveillance a le contrôle, le conseil; il n'a pas la conduite.

Parlons maintenant de la pénalité. Les abus qu'elle réprime sont-ils réels? tombe-t-elle sur ceux qu'elle doit justement frapper? peut-elle être un motif pour les hommes sérieux de déserter les conseils de surveillance?

Les abus? ils sont flagrants! Une des tromperies dont le public est victime, n'est-ce pas l'infidélité dans les inventaires; la distribution, sous dénominations diverses, de bénéfices fictifs? Ce qui attire le souscripteur, c'est l'espérance des profits, et quiconque a lu un prospectus sait tout ce qu'on lui en promet. La société marche, elle n'a pas de bénéfices; mais on est encore près de l'origine; il faut tenir sa promesse, et l'on paie un dividende. On publie ces inventaires mensongers; le public séduit court acheter des actions; il s'opère une hausse factice qui trompe les acheteurs, qui inspire confiance aux créanciers. Comment y est-on parvenu? en prenant sur le capital, en ruinant la société!

Voilà ce que la loi veut réprimer; et, pour cela, ce n'est pas seulement au gérant qu'elle s'adresse; c'est à ce membre du conseil de surveillance qui, sachant que l'inventaire n'est pas fidèle, en atteste pourtant la vérité et à ses mandants et au public; qui, sachant que la société est en perte, ne proteste pas dans son rapport contre ces dividendes fictifs.

Remarquez que la loi ne punit pas la simple ignorance, la simple négligence : c'est la science, c'est la mauvaise intention, c'est le dol, et tout cela quand il s'agit d'omissions ou d'énonciations graves dans l'inventaire. Ainsi disparaissent ces objections tirées de la difficulté d'établir un inventaire exact, d'en vérifier les éléments variables et sujets à erreur; encore une fois, c'est la connaissance, c'est l'intention qui est le point de départ de la responsabilité.

Cette responsabilité doit déplaire aux surveillants de complaisance, à ces hommes que le gérant choisit pour ne rien voir et approuver tout. Plaise à Dieu que la loi éloigne ceux-là des conseils de surveillance! Mais qu'elle puisse inquiéter, décourager les hommes sérieux; qu'elle amène dans les commandites le règne des mercenaires, parce qu'il ne sera pas licite d'apposer sciemment son nom au bas d'un inventaire frauduleux; voilà ce que notre raison se refuse à comprendre. Laissez agir les intérêts; lorsque seront en présence non plus des actionnaires d'un jour que le gérant aura recrutés, mais des souscripteurs dont on saura les noms, qui auront versé déjà le quart de leur souscription, qui seront responsables, ces intéressés trouveront bien entre eux cinq hommes honorables pour veiller à la conservation de la propriété commune. Ceux-là ne seront pas effrayés de ce que la loi punit les inventaires mensongers, car ils ne seront pas les créatures du gérant, et ce sera leur intérêt d'en obtenir de fidèles. Les sociétés auront ainsi la garantie d'un vrai contrôle.

Votre Commission vous a parlé jusqu'à présent des sociétés à venir. Le projet atteint aussi les sociétés antérieures à la loi, et l'article 15 dispose que ces sociétés devront, dans le délai de six mois, constituer un conseil de surveillance.

Cette disposition a paru, en général, entachée d'un vice de rétroactivité, et on s'est inquiété du trouble qu'elle allait amener dans les sociétés existantes. C'est à une réorganisation de tous les conseils de surveillance, souvent à une révision des statuts sociaux, qu'il s'agissait de procéder, et cela dans un court délai! Les inconvénients de cette mesure ont frappé beaucoup d'esprits, et l'honorable M. Le Comte (Côtes-du-Nord) a proposé de la restreindre aux sociétés en commandite qui n'ont pas actuellement de conseils de surveillance.

La majorité de votre commission avait cru devoir proposer au conseil d'Etat la suppression pure et simple de l'article tout entier. Il lui paraissait que les conseils de surveillance actuels tombaient de plein droit sous l'empire de la loi nouvelle, en ce qui concerne et leurs attributions et leur responsabilité. Restait la réorganisation matérielle des conseils, et elle y voyait beaucoup d'inconvénients et peu d'utilité.

Le conseil d'Etat n'ayant pas adopté cet amendement, votre Commission en a présenté un second, et proposé que l'obligation de constituer les nouveaux conseils de surveillance ne fût imposée qu'aux sociétés non pourvues de conseils, et que le tribunal pût accorder un délai, selon les circonstances. Cet amendement a été adopté par le conseil d'Etat.

Sanctions pénales.

Le gérant d'une société en commandite qui distribue des dividendes fictifs est soumis, à l'égard de la société et des tiers, à une responsabilité que prévoit l'article 10 du projet de loi. Votre Commission a pensé que cette fraude mérite une répression d'un ordre différent, et elle a proposé par un amendement d'y appliquer la peine prononcée par l'article 405 du Code pénal.

D'autres faits lui ont paru encore devoir être frappés de la même pénalité. Ainsi le gérant qui, simulant des souscriptions, attire des actionnaires; l'individu qui, dans le même but, publie, de mauvaise foi et contrairement à la vérité, les noms de personnes qui doivent être attachées à la société, commet de véritables délits. Nous avons proposé de leur appliquer le même article du Code pénal. Le conseil d'Etat a adopté cet amendement qui forme l'article 15 du projet nouveau.

Ces dispositions ont paru suffisantes à votre Commission, et elle n'a pas cru devoir accueillir un amendement de l'honorable M. Jubinal, qui proposait d'interdire la publication des annonces et prospectus de sociétés en commandite, par la voie des journaux, avant la constitution définitive de ces sociétés.

Des actions judiciaires.

Les contestations qui s'élèvent dans le sein des sociétés ont indiqué la nécessité d'une réforme. Le nombre des parties, la difficulté de les connaître, l'éloignement des domiciles, entraînent des frais, des lenteurs, des embarras considérables. L'article 14 du projet a pour but de simplifier les formes de procéder en justice. Votre Commission n'a pu qu'applaudir aux motifs développés dans l'exposé du conseil d'Etat, et elle a adopté les dispositions qu'il propose.

Messieurs,

Votre Commission arrive au terme de la tâche que vous lui avez confiée. Permettez-nous de résumer ce travail en peu de mots.

Le Code civil et le Code de commerce ont organisé le contrat de société; la loi nouvelle ne porte aucune atteinte, directe ou indirecte, à cette organisation : même faculté de choisir entre les formes diverses d'association, même droit de régler les conditions du contrat. La société en commandite conserve sa constitution avec l'autorité de son gérant responsable, avec le droit pour l'associé commanditaire de surveiller la gestion; en un mot, l'édifice de liberté industrielle élevé par nos codes reste debout tout entier.

Que fait donc la loi nouvelle? Elle prévient la fraude, elle la saisit sous quelques-unes de ses formes les plus habituelles; elle oblige les fondateurs de sociétés à la sagesse et à l'honnêteté; elle invite les actionnaires à l'examen et à la prudence; elle protége les petits capitaux;

elle diminue et réprime l'agiotage; elle atteint les bénéfices illicites; elle entrave la création des sociétés frauduleuses; elle institue une surveillance efficace; elle tend à substituer, autant que possible, la vérité et la loyauté au dol et au mensonge.

La loi, cependant, ne pouvait oublier que les associés en commandite ne sont pas des mineurs, et qu'il s'agit d'un contrat dont la liberté est l'âme. La loi fait beaucoup quand elle punit l'escroquerie; quand elle prévient la tromperie sur le fonds social; quand elle empêche que le public ne soit dupé par de faux inventaires, par la distribution de dividendes fictifs. C'est aux actionnaires à faire le reste; à user des moyens que leur offrent et les lois anciennes et la loi nouvelle; à être sages et circonspects; à ne pas traiter en étourdis; à ne pas tant croire aux gros dividendes, aux miracles des actions; à ne pas rêver des millions sur la foi des prospectus.

Le public doit se persuader que c'est à lui à bien faire ses affaires; qu'il est plus puissant que la loi pour prévenir la fraude. Il faut qu'il soit bien convaincu que dans une forme de société où le gérant est et doit être omnipotent, il n'y a pas de sécurité, il n'y a pas de prospérité, il n'y a pas d'avenir, quand le gérant est inhabile ou malhonnête; c'est à ces conditions seules que les sociétés peuvent prospérer.

Votre Commission vous propose d'adopter le projet de loi.

PROJET DE LOI

SUR LES SOCIÉTÉS EN COMMANDITE PAR ACTIONS.

NOUVELLE RÉDACTION

ADOPTÉE PAR LA COMMISSION ET LE CONSEIL D'ÉTAT.

ARICLE 1er.

Les sociétés en commandite ne peuvent diviser leur capital en actions ou coupons d'actions de moins de cent francs lorsque ce capital n'excède pas deux cent mille francs, et de moins de cinq cents francs lorsqu'il est supérieur.

Elles ne peuvent être définitivement constituées qu'après la souscription de la totalité du capital social, et le versement par chaque actionnaire du quart au moins du montant des actions par lui souscrites.

Cette souscription et ces versements sont constatés par une déclaration du gérant dans un acte notarié.

A cette déclaration sont annexés la liste des souscripteurs, l'état des versements faits par eux et l'acte de société.

ART. 2.

Les actions des sociétés en commandite sont nominatives jusqu'à leur entière libération.

Art. 3.

Les souscripteurs d'actions dans les sociétés en commandite sont, *nonobstant toute stipulation contraire*, responsables du paiement du montant total des actions par eux souscrites.

Les actions ou coupons d'actions ne sont négociables qu'après le versement des deux cinquièmes.

Art. 4

Lorsqu'un associé fait, dans une société en commandite par actions, un apport qui ne consiste pas en numéraire, ou stipule à son profit des avantages particuliers, l'assemblée générale des actionnaires en fait vérifier et apprécier la valeur.

La société n'est définitivement constituée qu'après l'approbation, dans une réunion ultérieure, de l'assemblée générale.

Les délibérations sont prises par la majorité des actionnaires présents. Cette majorité doit comprendre le quart des actionnaires et représenter le quart du capital social en numéraire.

Les associés qui ont fait l'apport ou stipulé les avantages soumis à l'appréciation de l'assemblée n'ont pas voix délibérative.

Art. 5.

Un conseil de surveillance, composé de cinq actionnaires au moins, est établi dans chaque société en commandite par actions.

Ce conseil est nommé par l'assemblée générale des actionnaires immédiatement après la constitution définitive de la société et avant toute opération sociale.

Il est soumis à la réélection tous les cinq ans au moins : *toutefois, le premier conseil n'est nommé que pour une année.*

Art. 6.

Est nulle et de nul effet à l'égard des intéressés toute société en commandite par actions constituée contrairement à l'une des prescriptions énoncées dans les articles qui précèdent.

Cette nullité ne peut être opposée aux tiers par les associés.

Art. 7.

Lorsque la société est annulée aux termes de l'article précédent, les membres du conseil de surveillance peuvent être déclarés responsables, solidairement et par corps avec les gérants, de toutes les opérations faites postérieurement à leur nomination.

La même responsabilité solidaire peut être prononcée contre ceux des fondateurs de la société qui ont fait un apport en nature, ou au profit desquels ont été stipulés des avantages particuliers.

Art. 8.

Les membres du conseil de surveillance *vérifient* les livres, la caisse, le portefeuille et les valeurs de la société.

Ils font, chaque année, un rapport à l'assemblée générale sur les inventaires et sur les propositions de distribution de dividendes faites par le gérant.

ART. 9.

Le conseil de surveillance peut convoquer l'assemblée générale. Il peut aussi provoquer la dissolution de la société.

ART. 10.

Tout membre d'un conseil de surveillance est responsable, avec les gérants, solidairement et par corps :

1° Lorsque, sciemment, il a laissé commettre dans les inventaires des inexactitudes graves, préjudiciables à la société ou aux tiers;

2° Lorsqu'il a, en connaissance de cause, consenti à la distribution de dividendes non justifiés par des inventaires sincères et réguliers.

ART. 11.

L'émission d'actions ou de coupons d'actions d'une société constituée contrairement aux articles 1 et 2 de la présente loi, est punie d'un emprisonnement de huit jours à six mois, et d'une amende de cinq cents francs à dix mille francs, ou de l'une de ces peines seulement.

Est puni des mêmes peines le gérant qui commence les opérations sociales avant l'entrée en fonctions du conseil de surveillance.

ART. 12.

La négociation d'actions ou de coupons d'actions dont la valeur ou la forme serait contraire aux dispositions des articles 1 et 2 de la présente loi, ou pour lesquels le versement des deux cinquièmes n'aurait pas été effectué conformément à l'article 3, est punie d'une amende de cinq cents francs à dix mille francs.

Sont punies de la même peine toute participation à ces négociations et toute publication de la valeur desdites actions.

ART. 13.

Sont punis des peines portées par l'article 405 du Code pénal, sans préjudice de l'application de cet article à tous les faits constitutifs du délit d'escroquerie :

1° *Ceux qui, par simulation de souscription ou de versements, ou par la publication faite de mauvaise foi de souscriptions ou de versements qui n'existent pas, ou de tous autres faits faux, ont obtenu ou tenté d'obtenir des souscriptions ou des versements;*

2° *Ceux qui, pour provoquer des souscriptions ou des versements, ont, de mauvaise foi, publié les noms de personnes désignées, contrairement à la vérité, comme étant ou devant être attachées à la société à un titre quelconque;*

3° *Les gérants qui, en l'absence d'inventaires ou au moyen d'inventaires frauduleux, ont opéré entre les actionnaires la répartition de dividendes non réellement acquis à la société.*

L'article 463 du Code pénal est applicable aux faits prévus par le présent article.

ART. 14.

Lorsque les actionnaires d'une société en commandite par actions ont à soutenir collectivement et dans un intérêt commun, comme demandeurs ou comme défendeurs, un procès contre les gérants ou contre les membres du conseil de surveillance, ils sont représentés par des commissaires nommés en assemblée générale.

Lorsque quelques actionnaires seulement sont engagés comme demandeurs ou comme défendeurs dans la contestation, les commissaires sont nommés dans une assemblée spéciale composée des actionnaires parties au procès.

Dans le cas où un obstacle quelconque empêcherait la nomination des commissaires par l'assemblée générale ou par l'assemblée spéciale, il y sera pourvu par le tribunal de commerce, sur la requête de la partie la plus diligente.

Nonobstant la nomination des commissaires, chaque actionnaire a le droit d'intervenir personnellement dans l'instance, à la charge de supporter les frais de son intervention.

ART. 15.

Les sociétés en commandite par actions actuellement existantes, et *qui n'ont pas de conseil de surveillance,* sont tenues, dans le délai de six mois à partir de la promulgation de la présente loi, de constituer un conseil de surveillance.

Ce conseil est nommé conformément aux dispositions de l'article 5.

Les conseils déjà existants et ceux qui sont nommés en exécution du présent article exercent les droits et *remplissent* les obligations déterminés par les articles 8 et 9; ils sont soumis à la responsabilité prévue par l'article 10.

A défaut de constitution du conseil de surveillance dans le délai ci-dessus fixé, chaque actionnaire a le droit de faire prononcer la dissolution de la société. *Néanmoins, un nouveau délai peut être accordé par les tribunaux, à raison des circonstances.*

L'article 14 est également applicable aux sociétés actuellement existantes.

(Annexe au procès-verbal de la séance du Corps Législatif du 23 juin 1856.)

DISCUSSION.

Séance du lundi 30 *juin* 1856.

L'ordre du jour appelle la discussion du projet de loi relatif aux sociétés en commandite par actions, projet dont plusieurs articles ont été modifiés d'accord par la Commission et le conseil d'Etat.

M. Baroche, président du conseil d'Etat, MM. Vuillefroy, président de section, et Duvergier, conseiller d'Etat, siégent au banc des commissaires du Gouvernement.

M. Koenigswarter a la parole contre le projet de loi. Il dit qu'une profonde conviction a pu seule le déterminer à combattre un projet que la Commission du Corps Législatif propose d'adopter. Il sait qu'il n'est pas probable que la Chambre veuille se décider au rejet d'un projet de loi ; il se rappelle qu'une seule Commission a conclu au rejet d'un projet et que la Chambre n'a pas suivi la Commission dans cette voie. L'honorable membre ajoute que l'on peut d'ailleurs, jusqu'à un certain point, trouver étrange l'opposition à un projet qui se présente sous un aspect séduisant, puisqu'il annonce l'intention de faire cesser de graves abus, de supprimer la fraude, le dol, de donner une éclatante satisfaction à la morale publique. Malgré tout cela, l'orateur déclare qu'il lui serait impossible de s'associer au vote d'adoption qui va sans doute être émis. L'honorable membre prévoit ce vote, mais il craint que la loi qui en sortira n'ait de très-graves et très-regrettables conséquences.

Avant d'indiquer la principale objection que, selon lui, soulève le projet, l'orateur demande à s'arrêter quelques moments sur les dispositions des articles 1 et 2. Le premier paragraphe de l'article 1er porte que les actions devront être de 500 francs dans toute société dont le capital excédera 200,000 francs. C'est seulement pour un capital n'excédant pas 200,000 francs que les actions pourront être de 100 francs ; et jamais le chiffre des actions ne pourra être moindre. L'orateur croit que dans des villes comme Paris, Lyon, Marseille, Bordeaux, et on pourrait en citer plusieurs autres, des affaires d'un million sont de petites affaires. Il eût donc désiré que les actions de 100 francs fussent permises pour un capital bien supérieur à celui qu'indique à cet égard le projet. Selon lui, il eût été bon de donner aux petits capitalistes l'occasion de placer leurs économies en actions industrielles de 100 francs. Le chiffre de 500 francs est déjà un chiffre aristocratique, et les petites bourses ne pourront pas plus prétendre aux actions de 500 francs qu'elles ne prétendent aux actions des chemins de fer.

Aux termes de l'article 2, les actions des sociétés en commandite devront rester nominatives jusqu'à leur entière libération. L'orateur croit que cette disposition aura des inconvénients graves ; à son avis, les actions auraient pu être converties en titres au porteur aussitôt après le versement de moitié du capital. L'exposé des motifs et le rapport de la Commission rendent justice à l'utilité des sociétés en commandite ; ils en proclament même la nécessité ; ils indiquent les services que ces sociétés ont rendus ; et pourtant l'exposé des motifs et le rapport appellent sur ces sociétés des sévérités très-grandes. Oui, sans doute, il fallait réprimer la fraude ; oui, des abus se sont produits ; on a bien fait de vouloir les faire cesser, et l'orateur applaudit à plusieurs dispositions proposées dans ce but. Mais l'honorable membre croit qu'avec la louable intention de faire disparaître les abus, on s'est arrêté à des dispositions dont le résultat sera la destruction des bonnes sociétés en commandite.

L'orateur passe ensuite aux articles 7 et 10, à l'égard desquels surtout il est en désaccord avec la Commission. Quelle est la situation actuelle des sociétés en commandite? Quel a été le principal inconvénient de ces sociétés? En général, les actionnaires des commandites n'ont aujourd'hui que très-peu de garanties. Quant à l'administration du gérant, sur cent conseils de surveillance, l'orateur croit qu'il y en a peut-être quatre-vingts qui s'appliquent à surveiller le moins possible; c'est qu'ils sont effrayés par les termes des articles 27 et 28 du Code de commerce; ils craignent que l'acte le plus insignifiant de leur part ne soit considéré comme une immixtion dans la gérance et ne les rende responsables; de là leur tendance à laisser le gérant agir comme il l'entend. Quand les membres du conseil de surveillance commencent à voir que l'affaire va mal, quand ils songent qu'il peut y avoir lieu pour eux d'intervenir, déjà il est trop tard. Et d'ailleurs ils sont souvent arrêtés par une difficulté de fait : pour convoquer une assemblée générale, il faut l'assentiment du gérant; quand le gérant s'y refuse, le conseil de surveillance est réduit à l'inaction.

L'honorable membre dit qu'il fallait évidemment remédier à cela; qu'il fallait créer des conseils exerçant une surveillance effective et ne craignant pas de l'exercer. Pour cela, que devait-on faire? Selon l'orateur, on devait rendre complètement irresponsable la situation des membres des conseils de surveillance. A son avis, des hommes honorables, des hommes sérieux, ayant quelque chose à perdre en fortune et en considération, ne se soumettent pas volontiers au danger de la responsabilité; ils sont incessamment poursuivis par la pensée qu'ils peuvent devenir responsables. En les rendant complètement irresponsables, on eût été sûr d'avoir la coopération d'hommes offrant par leur honorabilité les meilleures garanties morales. Selon l'orateur, le projet de loi, au lieu de procéder ainsi, aggrave tellement la situation des membres des conseils de surveillance, que personne, pour ainsi dire, ne voudrait à l'avenir consentir à l'être.

Si l'on objecte que les cas où le membre du conseil de surveillance pourra être rendu responsable sont clairement indiqués, l'honorable membre concédera que cela peut se soutenir pour l'article 7, et qu'un homme très-prudent pourra parvenir à éviter l'application de cet article; mais ce qu'il ne peut admettre, c'est la disposition de l'article 10, aux termes duquel tout membre du conseil de surveillance est responsable lorsqu'il a laissé commettre dans les inventaires des inexactitudes graves, etc. L'orateur demande quel est l'inventaire qui pourrait être dressé de manière à donner l'entière conviction que plus tard, après six mois, après un an, les membres du conseil de surveillance ne seraient pas pour ce fait à la merci de la malveillance d'un actionnaire? Un procès est toujours possible. Le membre du conseil de surveillance pourra le gagner, mais il aura eu à le subir. Cela suffit, selon l'honorable membre, pour que les gérants les plus consciencieux et les plus honorables soient désormais dans l'impossibilité de trouver pour les conseils de surveillance des hommes ayant une position élevée et jouissant d'une considération incontestée. Ces gérants seront réduits à chercher parmi les actionnaires des personnes plus ou moins bien placées, auxquelles ils seront obligés de donner une part de bénéfices. L'orateur dit qu'il y a quelques jours cela s'est présenté à Paris dans l'assemblée générale d'une commandite assez importante ; le gérant a déclaré qu'il était obligé de proposer, dans la prévision du vote du projet de loi, que les membres du conseil de surveillance eussent à l'avenir 5 0/0 dans les bénéfices. Or, si cela s'établissait, toute indépendance des conseils de surveillance serait supprimée. Les membres de ces conseils deviendraient plus ou moins des serviteurs du gérant, ils ne pourraient plus prétendre à exercer sur ses actes une surveillance indépendante. Après avoir parlé des gérants consciencieux et honnêtes, l'honorable membre croit qu'il convient de prévoir ce que feraient les autres. Selon lui, ils ne manqueraient pas de faire nommer membres du conseil de surveillance leurs créatures, des hommes à leur entière dévotion. L'orateur croit qu'aussitôt après le vote de la loi, beaucoup de membres de conseils de surveillance donneront leur démission ; ils s'empresseront de se retirer, parce qu'il leur serait désormais impossible de dormir tranquilles. Des inventaires parfaitement loyaux et exacts peuvent, par suite de circonstances postérieures, paraître avoir été fictifs. Quel homme honorable voudra s'exposer au danger d'être recherché au sujet de ces inventaires? En définitive, sur ce point, l'orateur déclare que, si les actionnaires ont actuellement quelque peu de garanties, ces garanties auront complètement disparu dès que la loi sera votée.

Le rapport et l'exposé des motifs ont, selon l'honorable membre, parlé avec trop de sévérité des sociétés en commandite. S'il voulait dire tout ce qu'il sait, il se ferait fort de prouver que les sociétés anonymes ont donné lieu à plus d'abus que les sociétés en commandite. Mais il ne veut pas insister sur ce point. Il se bornera à dire que les sociétés anonymes ont vu avec grand plaisir la présentation du projet de loi. Ces sociétés, jusque dans ces derniers temps, avaient joui d'une sorte de monopole et ne craignaient pas de concurrence. Mais tout récemment de grands capitaux se sont réunis en sociétés en commandite et sont venus menacer ce monopole. Les sociétés anonymes ont donc vu avec grand plaisir la présentation d'un projet de loi qui rend les grandes sociétés en commandite impossibles.

En résumé, dans l'opinion de l'honorable membre, la nouvelle loi portera la perturbation dans les affaires sérieuses, et rendra impossible la création de sociétés nouvelles ; elle créera un monopole nouveau au profit des grands capitaux et au détriment des petits. L'orateur croit que cette loi n'a pas l'assentiment des hommes pratiques : il est convaincu qu'elle ne pourra pas vivre, et qu'à une époque plus ou moins prochaine, le Gouvernement sera obligé de venir lui-même en demander la modification.

M. Morin déclare qu'il votera contre le projet de loi ; ce ne sera pas sans regret, car il en approuve plusieurs dispositions ; mais, dans son opinion, ce projet peut porter atteinte à l'esprit d'association. L'esprit d'association repose sur les efforts de deux classes d'hommes, les capitalistes sérieux et prudents qui font passer la sécurité avant les grands bénéfices, et les capitalistes plus entreprenants qui aiment la mobilité des capitaux et les chances brillantes. Or, dans quelles circonstances le projet de loi est-il présenté? Dans un moment où l'opinion publique se montre quelque peu hostile à cette deuxième classe de capitalistes. Il y a vingt ans, on disait que l'esprit d'association n'existait pas en France, et en effet, à cette époque, les compagnies se refusaient aux chemins de fer, les capitaux aux compagnies. Fallait-il donc alors que le Gouvernement fît tout, les capitaux ne voulant rien faire? On aurait eu tort de tirer cette conclusion. De même aujourd'hui, parce que quelques sociétés, fondées sans garanties suffisantes, ont fait des dupes, faut-il réagir contre l'esprit d'association? L'honorable membre ne le pense pas. Il veut donc traiter la question en dehors des préoccupations du moment.

Les associations vivent, en Angleterre, sous le régime de la liberté. Dans ce pays, les grandes sociétés privilégiées sont peu nombreuses ; les sociétés ordinaires se forment par contrats libres, par la seule volonté des parties, et la responsabilité est personnelle. Ce système, approprié à la situation industrielle de l'Angleterre, ne serait pas, selon l'orateur, applicable en France. L'association, en France, prend trois formes distinctes : il y d'abord la société en nom collectif, association parfaite, suivant l'honorable membre, car elle est à la fois association de personnes et de capitaux ; c'est celle qui inspire la plus grande confiance, mais qui impose la plus grande responsabilité ; elle ne peut s'établir qu'entre un petit nombre d'associés. Il y a ensuite la société anonyme, société impersonnelle, société de capitaux seulement. Ce genre d'association est l'objet des faveurs de la loi ; des priviléges y sont attachés : les associés sont absolument irresponsables, ils ont la gestion indirecte de la société, car le gérant est révocable à volonté ; les assemblées générales sont toutes puissantes. Entre ces deux sortes d'associations, beaucoup d'autres seraient possibles ; la loi française n'en reconnaît qu'une seule, la société en commandite, qui n'était pas destinée d'abord à l'extension que le cours naturel des choses lui a fait prendre, et qui est venue combler peu à peu la lacune qui existait entre la société anonyme et la société en nom collectif.

Les sociétés en commandite ont donné lieu à quelques abus : des noms honorables ont servi quelquefois d'appât pour attirer les actionnaires ; les membres des conseils de surveillance ne se sont pas toujours occupés sérieusement des affaires de la société. Des actionnaires ont été trompés. De là une réaction contre cette forme de l'association ; de là la présentation du projet de loi. Dans ce projet, deux parts sont à faire : il y en a une qui paraît excellente à l'orateur, elle comprend toutes les dispositions qui ont pour but de donner plus de régularité à l'émission des actions, plus de sécurité pour les versements, plus d'autorité aux conseils de surveillance; mais d'autres dispositions imposent aux membres des conseils de surveillance de tels devoirs, une responsabilité si grande, que les hommes honorables, haut placés, qui acceptaient ces fonctions, seront portés à les décliner désormais. Cette partie de la loi, l'orateur ne saurait l'accepter. Mais pourquoi, dira-t-on, ces hommes entrent-ils dans des conseils de surveillance sans vouloir en remplir les obligations? La loi les forcera à les remplir plus sérieusement, voilà tout. L'orateur serait le premier à s'applaudir de ce résultat si la loi pouvait forcer les hommes honorables à accepter les fonctions de membres d'un conseil de surveillance; mais ils les refuseront, et l'effet de la loi sera de les refouler vers les sociétés anonymes. Les sociétés en commandite pourront donc se trouver réduites à accepter pour membres de leurs conseils de surveillance des hommes qui n'offriront pas toujours les garanties désirables. Les hommes de tout point honorables n'hésiteraient pas, au contraire, à y entrer, si les devoirs qui leur sont imposés étaient plus faciles à remplir. Les en éloigner, c'est priver les actionnaires d'une garantie.

Le préopinant a dit que le projet de loi créait une sorte d'aristocratie parmi les capitaux. L'orateur regrette également que le projet paraisse vouloir repousser les petits capitaux de l'association, et les diriger exclusivement vers la caisse d'épargnes et vers la rente. Pourquoi détourner à peu près absolument des actions industrielles, qui donnent un revenu plus élevé, les économies de l'ouvrier et du domestique? Il y a quelques années, on disait aux ouvriers que le salaire n'était pas pour eux un mode de rétribution suffisant, qu'ils devaient demander l'association avec leurs patrons. L'expérience a prouvé que ce système était inadmissible. Le salaire est en effet préférable pour l'ouvrier qui n'a pas d'autre moyen d'existence. Mais celui qui a quelques économies à placer, pourquoi ne pourrait-il pas courrir les chances des entreprises industrielles? C'est pour le protéger, dit-on, que la loi veut l'en éloigner. Mais pourquoi le traiter en mineur et ne pas lui laisser la chance de gagner une certaine aisance?

Toutes les fois qu'une institution favorise la liberté de l'industrie, le crédit, l'activité des capitaux, l'association, l'honorable membre la répute conforme au mouvement général de la société actuelle; mais toute institution qui peut gêner la liberté de l'industrie, de l'association et du crédit est, selon lui, contraire à ce mouvement. Le projet de loi lui paraît présenter ce caractère; l'honorable membre le repoussera donc, quoiqu'il reconnaisse que la pensée qui l'a inspiré est une pensée de prévoyance et de moralité, mais les imperfections qu'il a signalées ne lui permettent pas de l'adopter. Il n'émettrait un vote favorable qu'autant que la discussion lui aurait démontré que ces imperfections n'existent pas.

M. Langlais, *rapporteur*, dit que la discussion qui vient d'avoir lieu lui a tracé le rôle qu'il a à remplir : il doit montrer l'utilité, la nécessité de la loi, en indiquer le caractère général et répondre aux critiques qui ont été dirigées contre elle.

Ces critiques, M. Kœnigswarter les a résumées en disant que le projet porterait la perturbation dans l'industrie, empêcherait la formation des sociétés en commandite et créerait le monopole des grands capitaux. Cet honorable membre a dit qu'il ne s'attendait pas cependant au rejet de la loi; il croit au contraire que la Chambre émettra un vote favorable. En cela il a raison : le Corps Législatif ne se fait jamais un point d'honneur de repousser les projets de lois qui lui sont présentés; il s'attache à les améliorer. C'est ce que la commission croit avoir fait pour le projet actuellement en discussion. Suivant M. le rapporteur, l'utilité de ce projet de loi est évident : il n'y a pas un homme ayant suivi le mouvement des capitaux, ayant étudié la manière dont se forment les sociétés en commandite, qui ne déclare la loi nécessaire et urgente. Le développement des sociétés commerciales est immense aujourd'hui ; les sociétés en nom collectif sont innombrables ; dans les sociétés anonymes, plus de 2 milliards sont engagés, et ce chiffre est petit en comparaison de celui que représentent les sociétés en commandite. A Paris seulement, en une année, plus de cinq cents de ces sociétés se sont établies avec un capital de plus d'un millard. Le Gouvernement, s'il ne se montrait pas attentif à un pareil mouvement, manquerait de prudence ; car, ici, tout est engagé, le crédit public et la moralité même du pays. A côté de la spéculation il y a le jeu, qui corrompt vite une nation : ce n'est pas impunément, en effet, qu'on peut voir une journée d'agiotage produire plus que des années de travail et de peine. Il y a là un danger public.

L'honorable membre rappelle qu'à une époque assez peu éloignée, on s'est effrayé de ce danger et l'on a demandé la suppression des sociétés en commandite par actions. M. le rapporteur croit qu'il faut conserver cette nature de sociétés, mais qu'il faut les surveiller, les moraliser. Lorsqu'elles sont sagement et honorablement conduites, elles consacrent l'alliance féconde du capital et du travail.

L'orateur indique les éléments de la formation d'une société en commandite par actions. Un homme a fait une conquête dans la carrière de la science : inspiré par son génie, il a rencontré une importante invention ; mais il peut arriver que le défaut de fortune l'empêche de tirer parti de sa découverte ; il fait alors un appel aux capitaux ; les capitaux viennent à lui, parce que chacun connaît la limite de la perte à laquelle il s'expose. L'entreprise réussit, parce qu'il y a tout à la fois spontanéité de la part de l'actionnaire, et liberté toujours pour le gérant.

C'est là l'idéal de la société en commandite ; mais à côté de cette commandite modèle surgissent, suivant l'orateur, de nombreux abus que tout le monde connaît et dont il ne croit pas, pour cela même, nécessaire de retracer le tableau. Contre la plupart de ces abus, la législation actuelle ne présente aucun remède, ou, s'il en existe un, il vient si tard et il faut l'acheter si cher, que la plupart du temps il est inutile. Ainsi il peut y avoir exagération des apports du gérant ; c'est là assurément un fait très-répréhensible ; cependant la loi existante le laisse impuni, à moins qu'il ne soit entouré des circonstances caractéristiques de l'escroquerie ; conseils de surveillance complaisants, dividendes pris sur le capital, la législation ne prévoit rien de tout cela ; elle se borne à punir, lorsqu'ils sont consommés, ceux de ces faits qui rentrent dans les définitions du Code pénal.

La loi en discussion se propose d'aller plus loin ; elle veut prévenir les abus, et M. le rapporteur est convaincu que c'est aussi la pensée de la Chambre; s'il en juge même par les nombreux amendements qui ont été présentés à la Commission, le Corps Législatif semblerait dominé par un sentiment de sévérité plus énergique encore que celui dont le projet de loi est l'expression. La Commission a repoussé ces amendements ; elle n'a pas oublié que la France vit sous le régime de la liberté des conventions et de l'industrie ; ces libertés sont chères au pays, et c'est dans cette conviction que la Commission s'est résignée à laisser parfois une chance à certains abus plutôt que de s'exposer à violer ces grands principes.

Passant à l'examen des dispositions du projet de loi, l'orateur fait remarquer qu'elles sont principalement relatives à la formation des sociétés ; quelques-unes seulement concernent la composition et le mode d'action des conseils de surveillance. Celui qui veut former une société en commandite a une complète liberté pour appeler les capitaux au moyen d'annonces ou de prospectus. Un amendement avait été présenté dans le but d'interdire toute annonce ou toute distribution de prospectus avant la constitution de la société ; la Commission a repoussé cette proposition, parce qu'elle y a vu une dérogation au principe de la liberté commerciale et industrielle. Il y a cependant un point à l'égard duquel la Commission est intervenue dans la formation de la société, c'est celui qui concerne la fixation du capital. Il existe en ce moment une masse de sociétés fondées au capital de 30 ou 40 millions et dont les actions sont de 15, de 5 ou même de 1 franc, on négocie toutes ces actions à la Bourse par douzaines, par grosses ou par centaines dans un petit coin qu'on appelle le coin des éventualités ; il y a là de véritables tempêtes lorsqu'il survient une hausse ou une baisse de 10 centimes. Pour donner une idée de ce que peuvent être de semblables affaires, l'honorable membre cite le titre d'un prospectus récemment distribué par un homme qui s'appelle Christophe Colomb et qui forme une société au capital de 50 millions pour marier l'Afrique avec l'Amérique et pour fondre les races. Le projet de loi n'a pas voulu que ces sortes de sociétés pussent se créer avec les capitaux des classes laborieuses, avec salaires accumulés et placés à la caisse d'épargne.

La loi nouvelle intervient encore dans la formation de la société lorsqu'il s'agit de l'estimation des apports du gérant. A cet égard, la législation actuelle ne donne aux souscripteurs aucun moyen de vérification, et elle est impuissante à les protéger lors même que leurs intérêts ont été notoirement compromis. On ne saurait, en effet, leur accorder une action en rescision que la loi commune admet seulement pour cause de lésion énorme, et exclusivement au profit du vendeur d'un immeuble. Un article du projet de loi prescrit les formes d'après lesquelles les souscripteurs d'actions seront mis à même de vérifier les apports des gérants. M. le rapporteur estime que c'est là quelque chose de juste et de moral. La liberté d'association n'est pas supprimée, on ne supprime que la liberté de la fraude.

Il est enfin un autre point sur lequel innove le projet de loi. Il arrive quelquefois que le public se montre circonspect et se refuse aux séductions du prospectus; si le gérant est un malhonnête homme, il n'en commence pas moins son entreprise, il touche son traitement, les frais d'administration, cela lui suffit; il peut même arriver que, sans être un malhonnête homme, il se laisse entraîner à ses propres illusions. Dans l'un et dans l'autre cas, l'on marche quelque temps avec les fonds versés par le petit nombre d'actionnaires que l'on a pu réunir, puis le gérant disparaît lorsqu'il ne reste plus rien. L'orateur rappelle que, pour éviter qu'à l'avenir il en puisse être ainsi, le projet de loi dit aux fondateurs de sociétés : vous avez déclaré que tel capital vous était nécessaire pour marcher; je vous défends de constituer votre société avant que ce capital soit souscrit en totalité et que le quart au moins en ait été versé dans la caisse sociale. Cette clause est identique à celle que le conseil d'Etat introduit toujours dans les décrets d'autorisation de sociétés anonymes.

L'orateur, après avoir ainsi caractérisé l'esprit général de la loi, entre dans quelques explications sur les articles. Lorsqu'on examine les abus auxquels donnent souvent lieu les sociétés en commandite par actions, l'on est forcé de reconnaître que beaucoup de ces abus viennent des actionnaires eux-mêmes. S'il existe tant de jeu et tant d'agiotage, c'est que souvent les premiers actionnaires ne sont pas sérieux; ils ne viennent ordinairement pas pour rester; souvent, après avoir fait un premier versement, ils revendent leurs actions à prime et cessent d'appartenir à la société. Pourquoi les conseils de surveillance et les assemblées générales d'actionnaires sont-ils devenus dérisoires? C'est surtout par ce motif. Ce que la commission s'est proposé, c'est de composer la société d'actionnaires sérieux et permanents; pour qu'il en fût ainsi, elle a voulu que, lorsqu'on aurait souscrit comme actionnaire dans une société, on restât responsable jusqu'au versement complet du montant des actions.

Quelques personnes ont trouvé cette disposition trop rigoureuse; on a dit qu'elle empêcherait les actions de circuler facilement. C'est là précisément ce que veut la commission. La trop grande facilité que l'on trouve à négocier les actions est la cause de l'agiotage auquel elles donnent lieu; la restriction imposée par le projet de loi sera une gêne, sans doute, mais cette gêne écartera les joueurs, les agioteurs; elle appellera les actionnaires sérieux. C'est seulement à cette condition que la société en commandite existera. Elle n'est pas véritablement constituée quand les souscripteurs, après un premier et faible versement, peuvent se retirer et échapper à tous risques ultérieurs.

Les dispositions relatives au conseil de surveillance ont été l'objet de vives attaques, soit dans les bureaux, soit dans la commission; l'honorable membre s'attache à repousser ces critiques. Il rappelle que la société en commandite est une association de capitaux avec absence de responsabilité personnelle pour les simples commanditaires; en face du public se trouve placé le gérant responsable, qui donne à la société le mouvement et la vie, et qui dirige les opérations. L'avantage de cette combinaison, c'est la liberté d'action et l'unité de direction; mais elle présente un danger, à raison du pouvoir absolu qui appartient au gérant. Certaines personnes auraient désiré que ce pouvoir fût amoindri, et qu'en même temps l'on étendît le pouvoir du conseil de surveillance; il semblait qu'on voulût en faire une sorte de conseil des Dix, qui se serait mêlé de tout, mais à condition de rester irresponsable.

L'orateur dit que c'eût été renverser la commandite; c'eût été substituer à cette forme une ombre de société anonyme avec un conseil de surveillance irresponsable, c'eût été le régime républicain introduit dans l'industrie. Ce système n'est pas nouveau, c'est précisément celui qui existait lorsqu'on a fait le Code de commerce. Sous le Directoire, les sociétés avaient à leur tête des gérants purement nominaux, des hommes de paille; le conseil de surveillance dirigeait tout, percevait tous les profits, puis, si la société venait à être ruinée, les créanciers restaient en présence d'un gérant insolvable. L'honorable membre est persuadé que l'on reviendrait à de semblables résultats si les attributions du conseil de surveillance étaient modifiées d'une manière grave. A ce système, la commission a préféré celui qui est formulé dans l'article 5 du projet. Le conseil de surveillance doit être une garantie contre la mauvaise gestion du gérant; or, aujourd'hui, ce conseil n'est pas une institution sérieuse, et cela pour deux motifs : le premier, c'est que souvent les mandataires des actionnaires n'ont pas un intérêt véritable et direct dans la société; le second motif, c'est qu'au lieu d'être choisis par les actionnaires eux-mêmes, ils ne le sont, en réalité, que par le gérant. L'article 5 du projet veut que les membres du conseil de surveillance soient vraiment des associés et qu'ils soient choisis par les actionnaires. Jusqu'ici, une des causes qui ont empêché les conseils de surveillance d'être composés de membres sérieux, c'est que la loi ne définissait pas bien nettement les pouvoirs de ces conseils; l'on craignait souvent d'accepter ce mandat, de peur de faire acte d'immixtion, et quelquefois les gérants se servaient de cet épouvantail pour écarter les personnes dont ils auraient redouté le contrôle. La loi nouvelle définit nettement les pouvoirs du conseil. Ces pouvoirs consistent à examiner les livres, la caisse, le portefeuille et les valeurs sociales; chaque année il doit être fait un rapport à l'assemblée générale sur les inventaires et sur les propositions de dividendes. Tout cela se faisait jusqu'ici; mais les membres du conseil pouvaient craindre, jusqu'à un certain point, de courir le risque attaché à l'immixtion; la loi nouvelle ne laisse plus de place pour cette crainte.

La responsabilité imposée par l'article 10 aux membres du conseil de surveillance a effrayé quelques personnes; l'honorable membre examinera quelles sont la nature et la portée de cette responsabilité. Il fait remarquer que les deux faits auxquels s'applique cet article sont dignes de toute la sévérité de la loi. Les membres du conseil de surveillance peuvent être déclarés responsables en cas d'inventaire frauduleux ou de distribution de dividendes fictifs. Ces deux fraudes sont celles qui se pratiquent le plus souvent. Lorsque certaines sociétés éprouvent quelque difficulté à prendre leur essor, on distribue des dividendes aux dépens du capital; puis à la faveur du rapport complaisant fait par le conseil de surveillance, on spécule, on agiote, on réalise des bénéfices. Pour éviter qu'à l'avenir il en soit ainsi, la nouvelle loi frappe d'abord le gérant, auteur principal de la fraude, et avec lui les membres du conseil de surveillance; mais elle a soin de bien déterminer les obligations de ces derniers. Elle leur dit : Vous ferez chaque année un rapport sur les inventaires et sur la proposition relative à la distribution d'un dividende. De deux choses l'une, ou le membre du conseil de surveillance saura que l'inventaire est inexact et qu'il s'agit d'un dividende fictif, ou il ne le saura pas. Dans ce dernier cas, si, par exemple, le gérant a trompé le conseil par des pièces fausses, les membres qui le composent n'encourent aucune responsabilité; mais, si le conseil de surveillance a connu les faits; si, dans son rapport, il a dit que l'inventaire était exact, sachant qu'il ne l'était pas; s'il a constaté l'existence de bénéfices qu'il savait ne pas exister, n'est-il pas complice du gérant, et ne doit-il pas être puni comme ce dernier? Cette disposition n'est pas non plus une nouveauté; aujourd'hui même, un membre du conseil de surveillance qui aurait évidemment trompé les actionnaires dans son rapport, serait considéré comme complice du gérant. Il est difficile à l'orateur de comprendre pourquoi on s'effraie tant de ce que le projet de loi veut que nul ne puisse être fripon et tromper le public impunément. On craint qu'il devienne presque impossible de trouver des membres pour former le conseil de surveillance; l'honorable membre croit qu'un gérant honnête d'une société en bonne position ne manquera jamais de trouver cinq personnes pour composer ce conseil.

En terminant, M. le rapporteur dit qu'on a fait beaucoup de bruit autour de cette loi; il ne s'en étonne pas : il y a en France un grand nombre de mauvaises sociétés en commandite, il ne manque pas d'hommes qui s'étudient sans cesse à tromper le public; il est tout simple que ceux-là se plaignent du projet; mais le commerce loyal y applaudit, et la loi nouvelle fera le plus grand honneur au Gouvernement qui l'a présentée ainsi qu'à la chambre qui la votera, car c'est une loi de moralité et de loyauté.

M. Du Miral déclare approuver complètement la pensée morale du projet. Il y voit des dispositions très-bonnes et très-louables ; mais il y en a d'autres qui ne lui paraissent pas mériter les mêmes éloges. Un premier point se présente, sur lequel on doit d'abord se mettre d'accord. Les sociétés en commandite sont-elles dignes de faveur, sont-elles nécessaires à l'industrie du pays et à sa prospérité ? A cet égard, l'affirmative est incontestable aux yeux de l'orateur. Si notre état social nouveau présente des caractères bien évidents, ce sont ceux-ci : d'une part, progrès merveilleux de l'industrie, progrès qui doit nécessairement se continuer et qui est seulement à son début ; d'autre part, pour que ce progrès se maintienne et s'étende, nécessité que les sociétés en commandite ne soient pas l'objet d'attaques téméraires ou maladroites. Le progrès de l'industrie est essentiellement lié à l'existence des sociétés en commandite. Il n'est pas une grande affaire qui puisse se passer de l'association.

Maintenant, ces sociétés, dont l'utilité est évidente, ont-elles besoin d'être moralisées ? Sur ce point, l'orateur est complètement d'accord avec l'exposé des motifs et avec le rapport. Tout ce que le Gouvernement a proposé, tout ce que la Commission a accompli en ce sens est accepté par l'orateur. Il adresserait même volontiers à la Commission le reproche de n'avoir pas fait assez sous ce rapport ; et il y a une mesure protectrice de la moralité, qui lui paraît avoir été mal à propos écartée par la Commission.

Mais, à côté de ce qui moralise les sociétés, il y a dans le projet, selon l'orateur, des dispositions qui entravent leur formation d'une manière fâcheuse. Tout à l'heure M. le rapporteur a dit que la Commission ne voulait pas que dans les sociétés en commandite pussent s'introduire des capitalistes n'ayant point l'intention d'y rester ; qu'elle ne voyait pas des capitalistes sérieux dans ceux qui prenaient part ainsi à la formation d'une société en commandite avec la pensée de s'en retirer très-vite ; que cela avait motivé la disposition portant que les actions resteraient nominatives jusqu'à leur entière libération. La commission a cru par là opposer une barrière aux affaires suspectes et mauvaises. Sur ce point, l'orateur n'est pas moins contraire que la Commission à tout ce qui a le caractère de fraude. Le jeu blâmable qu'on appelle l'agiotage, l'honorable membre le réprouve ; mais il lui semble que la Commission a fait une grave confusion entre les agioteurs et les spéculateurs, et n'a pas tenu compte de l'immense différence qui existe entre les uns et les autres. L'agioteur, c'est celui qui joue, qui ne voit dans une opération que le hasard et ses chances, qui ne fait d'ordinaire que des marchés à terme ; le spéculateur procède avec réflexion et calcul, il engage des capitaux réels dans des opérations dont il comprend les chances et où il court des risques. La spéculation est la base nécessaire de l'industrie. Les économistes, les hommes pratiques, se gardent bien de confondre la spéculation avec l'agiotage ; sans la spéculation, rien de grand n'aurait pu se faire en France, et, si par malheur on parvenait à tuer l'esprit de spéculation, c'en serait fait de ce progrès industriel dont notre pays a raison d'être fier et qui contribue à maintenir sa supériorité relative à l'égard des autres nations.

L'orateur ne comprendrait pas que l'on pût prétendre fonder des sociétés en commandite avec l'obligation de maintenir aux actions la forme nominative jusqu'à leur entière libération. Vouloir proposer à un capitaliste une affaire dans laquelle ses titres seraient ainsi frappés d'indisponibilité, c'est une chimère; une telle affaire ne rencontrerait personne qui consentît à s'y associer. L'honorable membre croit que, si le projet de loi était adopté, il ne se créerait plus de sociétés en commandite que celles où l'on pourrait libérer les titres immédiatement; ou bien on se jetterait dans les sociétés anonymes, ce qui aurait de graves inconvénients. A son avis, il y avait quelque chose de sensé, de raisonnable, de pratique à adopter, et tel était le but d'un des amendements qu'il avait proposés. Il croyait que, dans une commandite, lorsque le titre aurait été libéré à moitié, lorsque, par exemple, sur une action de 500 fr., 250 fr. auraient été versés, l'action aurait pu être changée en titre au porteur. Il ne lui semblait pas qu'au point de vue de la moralité, cela pût offrir le moindre danger.

On a pris dans l'article 1er une précaution sage lorsque pour la constitution définitive de la société on a exigé la souscription de la totalité du capital; on a bien fait aussi d'exiger que le quart du montant des actions fût versé. L'orateur croit même qu'on aurait pu exiger moitié. Mais après ce paiement de moitié, quel inconvénient y aurait-il eu à donner aux actions la forme de titres au porteur? On ne pouvait pas mettre en doute le versement de la seconde moitié de chaque action. Serait-ce que l'on aurait eu quelque arrière-pensée d'empêher la formation du capital, de mettre obstacle à la constitution de la société? Si une telle pensée existait, l'honorable membre la combattrait avec énergie comme rétrograde et anti-économique.

Passant à un autre ordre d'idées, l'orateur dit qu'il y a un point sur lequel il regrette que le conseil d'Etat ait cédé à une demande de la Commission, ce qui, à son avis, a eu pour résultat d'affaiblir l'effet moral du projet. Lorsque le projet fut présenté, il s'y trouvait une disposition destinée à prévenir et à punir l'exagération la plus scandaleuse de toutes, celle des apports. On avait vu en 1838 se vendre en adjudication publique 37,000 francs des mines qui avaient été mises en actions comme valant plus d'un million. Pour ces cas de fraudes manifestes, le projet de loi, dans sa forme primitive, introduisait une action en lésion au profit des actionnaires qui avaient éprouvé un préjudice par suite de cette exagération. La Commission a reculé devant cette innovation. L'orateur, en reconnaissant ce qu'une telle innovation avait de grave, soutient qu'elle était justifiée par une raison d'intérêt public et qu'il n'y avait pas à se laisser arrêter dans ce cas par le respect dû à la liberté des conventions, liberté d'ailleurs à laquelle le projet lui-même apporte plus d'une restriction. A cet égard, l'orateur présente des critiques contre l'article 4 du projet et contre les deux assemblées générales qui, aux termes de cet article, devront avoir lieu successivement au sujet de la vérification de l'apport. Il lui paraît qu'il y a là une atteinte à la liberté des conventions; qu'une partie des contractants sera mise à la discrétion des autres; que les actionnaires éloignés, ceux, par exemple, qui résideront à Lyon, à Bordeaux ou à Marseille, éprouveront beaucoup d'embarras et de préjudice si on les oblige deux fois de venir à Paris, au siége de la société, pour se concerter au sujet d'un apport sur lequel certainement ils se seront fait une opinion dès le principe. L'honorable membre considère comme trop compliquées et comme inutiles les formalités de l'article 4; il croit que l'on aurait mieux donné satisfaction aux craintes de certains actionnaires au sujet de l'apport, si on avait accordé aux fondateurs la possibilité de faire faire judiciairement une estimation préalable de cet apport, estimation dont l'effet eût été d'empêcher toute contestation ultérieure.

Arrivant aux conseils de surveillance, l'honorable membre reconnaît que la Commission a raison de dire que le projet n'aggrave pas la situation des membres de ces conseils et se borne à leur rappeler les devoirs attachés à ces fonctions. La Commission aurait pu même ajouter que, loin d'aggraver leur situation, le projet l'adoucit dans une certaine mesure. Sur ce point donc l'orateur se sépare des membres qui ont critiqué le projet de loi. Quelle est la cause véritable de l'inertie des conseils de surveillance? Comment la faire cesser? Comment moraliser les sociétés en commandite et protéger les intérêts des actionnaires? Suivant l'orateur, il aurait fallu modifier la législation de 1807 sous certains rapports, notamment en ce qui concerne les pouvoirs des conseils de surveillance et le danger qu'entraîne pour leurs membres l'immixtion dans les actes de la gestion. Il y a une chose qu'il ne faut pas oublier, c'est que le Code commercial remonte à 1807. Or, depuis cette époque, une révolution complète a eu lieu dans le monde commercial; aujourd'hui, en une seule année, il se forme plus de sociétés en commandite qu'il ne s'en formait autrefois dans un demi-siècle et en dix ans sous le règne de Louis-Philippe. A priori, est-il donc raisonnable de penser qu'une législation qui a pu convenir en 1807, convienne encore à une situation si différente? Mais il y a un autre fait qu'il ne faut pas perdre de vue : c'est que, à l'époque où fut fait le Code de commerce, la commandite, c'est-à-dire le capital des actionnaires, n'était considéré par le législateur que comme l'appoint de l'apport du gérant. Il n'en est pas de même aujourd'hui : le capital des actionnaires représente de nos jours presque tout le capital des sociétés en commandite. Dans beaucoup de cas, l'apport du gérant n'a pas d'importance. La législation de 1807 a cherché à prévenir les fraudes, à empêcher que les commanditaires pussent, sous le nom d'un gérant peu sérieux, se lancer dans des entreprises téméraires et tromper le public. L'honorable membre n'a pas proposé de leur donner cette liberté : ce qu'il a demandé, c'est qu'en vertu des statuts des sociétés en commandite les conseils de surveillance eussent le droit d'empêcher certains actes du gérant, et même dans certains cas eussent le droit de le destituer; la surveillance deviendrait ainsi active et efficace, et l'industrie serait moralisée. L'orateur ne s'explique donc pas que les propositions qu'il avait faites dans ce but aient rencontré une si vive opposition au sein de la Commission. Il ne se préoccupe pas de savoir si les sociétés en commandite organisées comme il voudrait qu'elles le fussent ressembleraient au gouvernement républicain et non à une monarchie; l'objection ne lui paraît même pas sérieuse. Il s'est dit que la situation avait complètement changé depuis 1807; et il en a conclu que la législation devait changer également. Ces changements, allassent-ils jusqu'à la révocation possible du gérant, n'auront pas pour effet de transformer les sociétés en commandite en sociétés anonymes. Dans le cas même de la limitation de ses pouvoirs, le gérant reste toujours responsable en face du public. L'honorable membre demandait si peu que le gérant fût irresponsable, qu'il voulait lui imposer l'obligation d'être propriétaire d'une portion de l'entreprise.

En résumé, la loi paraît bonne à l'orateur dans quelques parties, mais défectueuse dans d'autres : au lieu d'en faire disparaître les inconvénients, la Commission, selon l'honorable membre, les aurait aggravés. Mais la Chambre n'est pas obligée de voter toutes les dispositions du projet de loi. Les divers articles de ce projet ne sont que des additions au Code de commerce et sont indépendants les uns des autres. La Chambre peut donc admettre ceux qui sont utiles, et repousser ceux qui lui paraîtraient avoir été critiqués avec raison. Si un article rejeté devait être présenté de nouveau après modification, où serait l'inconvénient? La loi n'est pas une loi de circonstance, mais une loi d'intérêt général : en cette matière, il importe de bien faire et non de faire vite.

M. Schneider dit qu'il a quelque peine à bien apprécier le discours du préopinant : M. Du Miral a déclaré en commençant qu'il était d'accord avec la Commission sur l'esprit et le but du projet de loi, et il l'a combattu dans son ensemble; ensuite, dans une discussion générale, il a introduit la critique des articles. M. le président de la Commission est obligé de suivre l'honorable membre dans la marche qu'il a tracée. Il ne parlera pas sur l'ensemble du projet, qui n'a pas été attaqué; il se bornera à répondre aux critiques dont quelques articles ont été l'objet. Il montrera qu'il ne s'agit pas ici d'une loi de légistes, mais d'une loi d'affaires, et c'est parce que la loi a ce caractère que l'orateur a pris part au travail de la Commission, où il a été heureux, d'ailleurs, de rencontrer le concours de légistes très-habiles.

Avant d'entrer dans la discussion des articles, l'honorable membre croit devoir répondre tout d'abord par une observation générale aux dernières paroles de M. Du Miral. Le préopinant a dit que la Chambre pouvait adopter certains articles du projet de loi et en rejeter d'autres. Or, ceux qu'il a critiqués sont les plus importants; si ces articles étaient rejetés, la loi se trouverait donc singulièrement réduite. La Commission ne saurait consentir à cette division ; le projet de loi répond à un besoin et tous ses articles se tiennent. C'est cette intime liaison de toutes les parties de la loi qui n'a pas permis à la Commission d'accueillir un grand nombre d'amendements qui lui avaient été présentés, et dont les uns allaient au delà de la pensée du projet, tandis que d'autres restaient en deçà. Elle a voulu se renfermer dans les limites déterminées ; à ses yeux, la suppression d'un seul article porterait atteinte à l'ensemble de la loi.

L'article 1er, que M. Du Miral a d'abord attaqué, est celui que l'orateur est le plus disposé à soutenir; c'est celui qui a été le plus laborieusement étudié par la Commission ; elle a voulu que les sociétés en commandite fussent sérieuses, que les actionnaires ne prissent que des engagements mûrement pesés et donnassent toujours plus à la réflexion qu'au hasard. M. Du Miral a dit qu'il fallait distinguer entre l'agiotage et la spéculation. La commission fait également cette distinction ; mais elle ne veut pas que la spéculation soit irréfléchie, elle veut que les engagements soient sérieux ; et, pour que ce résulat soit atteint, elle prend des précautions qui moraliseront la liberté commerciale sans la gêner. Elle pose d'abord certaines limites aux capitaux qui s'offrent à la spéculation ; ne pouvant faire de catégories de personnes, elle a fixé la quotité des chiffres. Entre les différents modes discutés devant elle, celui-là lui a paru seul praticable. La Commission s'est dit ensuite que, pour que les sociétés eussent des éléments de vitalité, il fallait que leur capital fût intégralement souscrit. Pas de sécurité, en effet, pour ces sociétés si leur capital n'est point assuré dès l'origine par des souscriptions sérieuses. Autrement les gérants seraient exposés à commettre des actes répréhensibles ; il y aurait danger pour les actionnaires et pour les tiers.

La première condition exigée, c'est donc que la souscription du capital soit complète ; mais comment ? par la signature seulement du souscripteur ? Non, par le versement immédiat d'un quart : ce sont des arrhes données au gérant, qui ne connaît pas les souscripteurs, et qui ne peut pas recevoir leur souscription sur parole. Il faut plus encore : en général, on entre légèrement dans une société, parce qu'on espère en sortir facilement ; le projet veut que la souscription soit sincère toujours. Les actions seront donc nominatives, afin que le gérant puisse suivre le souscripteur jusqu'à la fin, et s'assurer que les obligations qui ont été contractées seront remplies dans toute leur étendue. Ici la Commission a été au-delà du projet de loi primitif. Le Gouvernement proposait que le versement de la moitié de la souscription pût délier le souscripteur : c'était manquer le but ; il eût été trop facile d'entrer dans une société pour recueillir des bénéfices, et d'en sortir en suite pour échapper aux chances mauvaises. Il eût suffi alors, en effet, d'abandonner une moitié du capital pour sauver l'autre. La Commission a voulu que la responsabilité portât sur la totalité du capital, afin que l'actionnaire eût un intêret réel à peser tous les éléments de la société où il veut entrer.

Y a-t-il là un inconvénient grave? La transmission des actions ne peut avoir lieu qu'après le versement des deux cinquièmes. Entre les deux cinquièmes et la moitié, la différence n'est pas bien grande. Cette disposition du projet de loi a été attaquée; on a paru croire que le projet voulait l'immobilité complète des actions entre les mains des souscripteurs. Il n'en est rien; la transmissibilité sera toujours possible par voie civile; le projet de loi ne pouvait pas l'empêcher et n'avait pas besoin de le dire; mais la transmission par voie commerciale ne pourra avoir lieu qu'après le versement des deux cinquièmes. Il n'y aura donc pas immobilité absolue des actions, comme l'a dit M. Du Miral. Tout souscripteur qui ne pourrait pas verser les deux cinquièmes de sa souscription ne serait pas un souscripteur sérieux, et ce sont seulement les souscriptions sérieuses que le projet de loi a voulues.

L'orateur comprend facilement que ce régime puisse être une gêne pour certains souscripteurs qui ne demandent à entrer dans une société qu'avec la pensée d'en sortir; il ne nie pas que certaines sociétés fondées dans un but d'agiotage puissent avoir à souffrir de cette loi; mais, pour arriver à des combinaisons sérieuses, il fallait arrêter par des entraves légales tout ce qui n'offrait pas de garanties. Le caractère d'une loi de cette nature, c'est qu'à côté d'un avantage incontestable, quelque inconvénient pouvait parfois se présenter; la Commission, sur les diverses questions soulevées par le projet, a tâché de choisir le parti qui présentait plus d'avantages que d'inconvénients. Elle est convaincue que, tel qu'il est, l'article 1er sera un obstacle utilement opposé aux souscriptions qui ne seraient pas sérieuses, et qui pourraient devenir une cause de ruine pour la société.

En ce qui concerne l'art. 4, relatif à la vérification des apports des gérants, article si vivement attaqué par M. Du Miral, l'orateur rappelle que le conseil d'Etat avait proposé à cet égard un système et que M. Du Miral en avait présenté un autre; la Commission en a formulé un troisième. L'honorable membre ne prétend ni justifier d'une manière absolue la disposition qui a été adoptée par la Commission, ni critiquer trop vivement celle à laquelle le conseil d'Etat a renoncé; il veut seulement montrer qu'il a été fait un choix judicieux entre plusieurs systèmes dont chacun avait certains avantages à côté de certains inconvénients.

L'art. 7, primitivement proposé par le Gouvernement, constatait qu'on avait reconnu, pour les actionnaires, de graves inconvénients dans l'exagération des apports du gérant. En vue d'y remédier, le Gouvernement admettait une liberté complète au début de l'association; mais plus tard, en cas de lésion de plus de moitié, il était loisible aux commanditaires de réclamer des dommages-intérêts. Suivant l'honorable membre, ce système prêtait à la critique; d'abord parce qu'il n'atteignait les manœuvres fraduleuses qu'au moment où elles étaient consommées peut-être sans retour, et ensuite parce que, dans certains cas, un homme qui aurait fait un apport sérieux et loyal, l'apport d'un brevet, par exemple, pouvait être exposé à des poursuites intéressées et mal fondées.

Quant à M. du Miral, il voulait que les fondateurs désireux d'éviter des recherches ultérieures pussent faire préalablement évaluer leurs apports par experts. L'orateur croit que, de tous les systèmes présentés sur cette question, celui-là était le plus dangereux. En effet, en supposant que le fondateur eût l'intention de tromper sur la valeur de ses apports, il ferait faire une estimation que les actionnaires réputeraient satisfaisante ou non; s'ils ne s'en contentaient pas, le fondateur en serait quitte pour s'arrêter comme un contrebandier qui se verrait dans l'impossibilité d'introduire un objet en fraude; si l'estimation était acceptée, la constitution de la société se poursuivrait, et les actionnaires seraient définitivement trompés, sans possibilité de recours.

L'honorable membre croit qu'on doit préférer le système de la Commission, auquel s'est rallié le conseil d'État; ce système se rapproche de celui des sociétés anonymes, dans lesquelles tous les apports sont vérifiés par le conseil d'État avant la constitution. Procéder exactement comme en matière de sociétés anonymes, c'eût été néanmoins s'exposer à des lenteurs et à des formalités compliquées: il a donc fallu chercher quelques modifications. La Commission s'est demandé ce que c'est qu'un apport dans une société. Elle a reconnu que c'est une quasi-vente. Le propriétaire d'une usine, d'un brevet, d'une valeur quelconque cherche à en obtenir le prix; à cet effet, il l'apporte dans une société contre un certain capital ou contre des actions. Dans les ventes ordinaires, l'acheteur et le vendeur se rapprochent, se concertent, et le contrat est fait. La Commission a dit aux capitalistes: avant d'entrer dans une société, vous prendrez connaissance de la valeur des apports du gérant, vous vous réunirez, vous chargerez qui vous voudrez d'examiner cette valeur, puis, si cela vous convient, vous donnerez votre consentement. Lorsqu'on aura procédé de cette manière, si, dans la suite, il est reconnu que les apports ont été exagérés, si les actionnaires sont lésés, ils ne pourront s'en prendre qu'à eux-mêmes et non pas à la loi, car la loi doit éclairer ceux qui sont sur le point de s'engager, mais elle ne doit pas gêner leur liberté. On ne peut pas réduire les actionnaires à l'état de mineurs ou d'interdits, on doit les traiter comme des hommes raisonnables, et se contenter de les mettre en état de contracter en parfaite connaissance de cause.

L'honorable M. du Miral regrette que le régime de la société en commandite n'ait pas été profondément modifié: l'orateur répond que, dans l'esprit de tous, cette société apparaît aujord'hui avec certains caractères spéciaux; le principal de ces caractères c'est la libre action du gérant; la Commission n'a pas voulu toucher à ce qui concerne les pouvoirs du gérant, c'est là que se trouve ordinairement le principal élément de succès pour la société; le succès est presque toujours le prix de cette continuité dans la pensée et de cette promptitude dans l'action qui ne peuvent appartenir qu'à un gérant libre dans ses allures; ce sont ces conditions qui assurent la réussite d'une opération.

Sans doute le gérant ne remplit pas toujours ce programme, mais la Commission n'a pas cru que ce fût un motif pour changer rien aux attributions de la gérance. L'honorable membre espère que les actionnaires finiront par comprendre que le succès d'une affaire tient surtout au choix d'un bon gérant; il faut qu'ils sachent que: « Tant vaut l'homme, tant vaut la chose. » Il faut qu'ils sachent qu'un gérant est comme le capitaine chargé de conduire un navire: c'est lui seul qui, par la précision et l'instantanéité de ses manœuvres, peut faire arriver le vaisseau à bon port. L'orateur répète que, n'ayant à suivre aucun contradicteur sur ce terrain, il n'a pas cru devoir discuter l'ensemble du projet de loi; il se réserve de répondre aux critiques nouvelles qui pourront être présentées lors de la discussion des articles; mais il prie surtout la Chambre de ne pas oublier que tous ces articles se tiennent, et que le rejet de l'un d'eux produirait une lacune, un défaut d'harmonie dans la loi.

M. Roques-Salvaza prie M. Schneider de compléter sa lumineuse démonstration en répondant à l'objection faite par M. du Miral à l'occasion de la disposition de l'art. 2, qui prescrit que l'action restera nominative jusqu'à sa complete libération. Il demande pourquoi, après le versement des deux cinquièmes, lorsque l'action est devenue négociable, elle devra continuer à rester nominative jusqu'au paiement intégral.

La clôture de la discussion générale, réclamée par un grand nombre des membres, est mise au voix et prononcée.

L'article 1er est mis aux voix et adopté.

M. le Président donne lecture de l'article 2.

M. Roques-Salvaza renouvelle à propos de cet article la demande d'explication qu'il a présentée tout à l'heure.

M. Vuillefroy, *président de section*, *commissaire du Gouvernement*, répond que l'art. 2 est la conséquence nécessaire de l'art. 1er qui vient d'être voté et qui veut qu'une société ne soit constituée qu'après la souscription du capital tout entier. Si, après avoir posé cette condition, on eût autorisé la création d'actions au porteur non libérées, il est évident que la responsabilité du souscripteur aurait cessé d'exister. L'orateur rappelle que cette clause est stipulée quand il s'agit de sociétés anonymes. Il y a eu à la vérité une exception pour les chemins de fer; la loi de 1845 a établi cette exception, d'abord à raison de l'éminente utilité de ces entreprises et en vue d'y attirer les capitaux; ensuite parce que ces sortes d'affaires devaient être avant la concession même l'objet d'un examen très-approfondi de la part du conseil d'Etat. Mais, dans les autres sociétés anonymes, les souscripteurs sont responsables jusqu'au versement complet. M. le commisssaire du Gouvernement rappelle que cela est d'ailleurs conforme au droit commun. Puisque les commanditaires sont responsables jusqu'à concurrence de leur mise, il faut bien que l'on sache qui ils sont; c'est bien le moins d'exiger qu'il en soit ainsi lorsqu'il s'agit d'une forme de société qui offre moins de garanties que la forme anonyme.

L'article 2 est mis aux voix et adopté, ainsi que l'article 3.

M. Jubinal a la parole sur l'article 4; il fait remarquer que le paragraphe 3 de cet article veut que dans l'assemblée générale les délibérations soient prises par la majorité des actionnaires présents; que cette majorité doit comprendre le quart des actionnaires et représenter le quart du capital social en numéraire. Mais cette rédaction ne dit pas combien il faudra avoir d'actions pour pouvoir assister aux assemblées. Trop souvent, dans ces réunions, un malheureux actionnaire isolé est opprimé par une majorité d'actionnaires qui se sont partagé un grand nombre d'actions; s'il réclame, il ne peut pas même parvenir à se faire entendre.

M. Bertrand (de l'Yonne), *membre de la Commission*, fait remarquer que dans l'article 4 il s'agit de la réunion préparatoire pour la vérification des apports; il est impossible de n'y pas admettre tous les actionnaires, quelque peu considérable que soit le nombre des actions par eux souscrites.

M. le colonel du Marais demande si le paragraphe dont il vient d'être parlé s'applique à toutes les assemblées générales, ou seulement à celle qui est destinée à la vérification des apports.

M. le comte de Chasseloup-Laubat désire savoir si, par les termes dans lesquels est rédigé le paragraphe 3 de l'article 4, on entend seulement la majorité des actionnaires présents ou la majorité des actions représentées. Avec la première interprétation, il serait facile de distribuer deux ou trois cents actions dans autant de mains, et de se procurer ainsi une majorité qui ferait la loi à des actionnaires représentant, quoique moins nombreux, la plus grande partie du capital social.

M. Langlais, *rapporteur*, répond à M. le colonel du Marais que ni la Commission ni le Gouvernement n'ont eu l'intention de toucher à la liberté des conventions en ce qui concerne les assemblées générales d'actionnaires; on a laissé aux personnes qui forment une société le droit d'indiquer la composition des assemblées générales dans les cas ordinaires; c'est seulement pour le cas spécial de la vérification des apports qu'a été rédigé le paragraphe 3 dont le texte a été cité tout à l'heure.

Quant à la question posée par M. le comte de Chasseloup-Laubat, M. le rapporteur dit que, dans la rédaction donnée au paragraphe 3 de l'article 4, la Commission a entendu parler des actionnaires présents; il ne faut pas oublier qu'au moment où a lieu l'assemblée, toutes les actions sont encore nominatives, et dans tous les cas n'ont pu changer de propriétaire que par le résultat d'un transfert fait dans la forme des actes civils, et non dans celle d'une négociation commerciale. Le mot « actionnaire présent » veut dire ici personne présente et figurant au tableau qui doit être annexé à l'acte de société.

L'article 4 est mis aux voix et adopté.

Les articles 5 et 6 sont également adoptés.

M. Gouin a la parole sur l'article 7, concernant la responsabilité qui, après annulation de la société dans des cas déterminés, peut incomber aux membres du conseil de surveillance pour toutes les opérations faites ultérieurement à leur nomination. L'honorable membre dit qu'il a donné son adhésion aux articles précédents; il approuve l'esprit de la loi, il en attend de très-bons effets; mais il lui semble que l'article 7 va trop loin : ce n'est pas là à ses yeux une disposition indispensable, et elle sera d'une application très-difficile. L'orateur convient que, dans l'état présent des choses, le conseil de surveillance a peu d'efficacité; mais il croit que la sévérité de l'article 7 rendra très-difficile et même presque impossible la formation de ce conseil. Même pour des hommes sérieux et habiles, la surveillance n'est pas chose aussi aisée qu'on le suppose; car, quelle que soit leur aptitude, ce n'est pas par une vérification mensuelle qu'ils peuvent s'assurer qu'il ne s'est glissé dans les écritures ni erreur ni fraude. Ils peuvent être trompés et commettre quelque erreur. Faut-il que, pour cela, ils subissent la responsabilité résultant de l'article 7? L'honorable membre croit que des hommes honorables, et dont l'intervention aurait été très-utile, la refuseront lorsqu'elle pourra entraîner de telles conséquences. Encore une fois, il adhère aux six premiers articles; mais les articles 7 et 10 lui paraissent devoir être écartés.

M. Schneider déclare qu'il comprendrait jusqu'à un certain point l'opposition de M. Gouin à l'article 10; mais il ne s'explique pas aussi bien que le préopinant combatte l'article 7. Dans l'article 7, il s'agit de la responsabilité que peuvent encourir les membres des conseils de surveillance, à raison de formalités matérielles, simples, aisément saisissables, sur lesquelles on ne peut pas se méprendre, et qui apparaissent à tout membre d'un conseil de surveillance, pour peu qu'il ait siégé une seule fois dans ce conseil. Il ne peut pas y avoir de doute sur la responsabilité en pareil cas. Lorsque viendra la discussion de l'article 10, l'honorable membre répondra aux objections qui se produiront.

M. Gouin ne croit pas que l'article 7 soit aussi simple dans ses dispositions que vient de le dire l'honorable préopinant. Si l'orateur persiste à repousser les articles 7 et 10, c'est qu'il y voit une responsabilité très-lourde pour les membres des conseils de surveillance.

M. Duvergier, *conseiller d'Etat, commissaire du Gouvernement*, répond que la responsabilité de l'article 7 est si limitée et si bien définie, que pas un membre d'un conseil de surveillance n'en pourrait être effrayé. L'honorable M. Gouin approuve les six premiers articles; mais à ces articles il faut une sanction; or, cette sanction se trouve précisément dans l'article 7. Les dispositions de cet article sont tellement claires, qu'aucun membre de conseil de surveillance, pour peu qu'il veuille être attentif, ne peut se faire illusion. Il y aura d'ailleurs, pour les membres d'un conseil de surveillance, un moyen facile d'échapper à cette responsabilité ; il suffira qu'ils lisent les statuts de la société et les six premiers articles de la loi, où sont indiquées les conditions qu'elle exige pour la formation des sociétés en commandite.

M. Gouin dit qu'ici, en effet, les inconvénients de la responsabilité peuvent être moindres que dans l'article 10, mais que la disposition est néanmoins de nature à écarter nombre de personnes des conseils de surveillance.

L'article 7 est mis aux voix et adopté.

M. le colonel du Marais demande, à l'occasion de l'article 8, si, dans le cas où un membre d'un conseil de surveillance serait empêché, il pourrait se faire représenter.

M. Langlais, *rapporteur*, répond que cela est évidemment impossible.

Les articles 8, 9, 10 et 11 sont successivement mis aux voix et adoptés.

M. Dalloz a la parole sur l'article 12 ; il demande à MM. les membres du conseil d'Etat si, en disant que toute publication de la valeur des actions pour lesquelles le versement des deux cinquièmes n'aurait pas été effectué entraînerait une amende de 500 à 10,000 francs, on a entendu que cette amende sera appliquée au gérant du journal qui aura fait l'insertion, ou bien au gérant de la société en commandite qui l'aura fait faire. Il semble à l'honorable membre qu'il y a là un manque de précision ; il lui paraîtrait, d'ailleurs, exagéré et peu pratique d'exiger que le gérant du journal vérifiât, pour toutes les annonces qui peuvent lui être apportées, si les gérants des sociétés en commandite se sont conformés aux dispositions des articles 1 et 2 du projet de loi. La peine édictée paraît à l'honorable membre devoir être appliquée au gérant de la société en commandite qui a fait insérer l'annonce, mais non au gérant du journal où elle a été insérée.

M. Duvergier, *conseiller d'Etat*, répond que cette disposition de l'article 12 est empruntée à la loi du 15 juillet 1845, où le mot *publication* est employé dans le même sens. Ce mot, dans la loi nouvelle, aura la même signification que dans la loi de 1845. Lors de la discussion de cette loi, la même question fut adressée au Gouvernement, par M. d'Argout, à la Chambre des pairs; le ministre des travaux publics répondit que tout dépendrait des circonstances, et que l'intention de ceux qui auraient fait la publication serait appréciée par les tribunaux. Le gouvernement fait aujourd'hui la même réponse.

Les articles 12, 13, 14 et 15 sont successivement mis aux voix et adoptés.

L'ensemble du projet de loi est adopté au scrutin, à la majorité de 221 suffrages contre 12, sur 233 votants.

La séance est levée.

Approuvé par la Commission, le 1er juillet 1856.

Le Secrétaire-Rédacteur, chef du service, Denis-Lagarde.

(*Moniteur* du 2 juillet 1856.)

FIN DE L'APPENDICE.

Chez les mêmes Libraires :

Examen du régime de la propriété mobilière en France, par H.-F. RIVIÈRE, avocat, docteur en droit; ouvrage contenant le Mémoire couronné par l'Académie de législation dans sa séance publique du 4 juillet 1852. Paris, 1854, 1 vol. in-8°. Prix : 5 francs.

Explication de la loi du 23 mars 1855 sur la transcription en matière hypothécaire. Deuxième édition, revue, corrigée et augmentée, par H.-F. RIVIÈRE, avocat, docteur en droit, et Aug. FRANÇOIS, avocat. Paris, 1856. 1 vol. in-8°. Prix : 5 francs.

Questions théoriques et pratiques sur la transcription en matière hypothécaire dans l'ordre des articles de la loi du 23 mars 1855, par H.-F. RIVIÈRE, avocat, docteur en droit, et A. HUGUET, docteur en droit, avocat à la Cour de Cassation et au Conseil d'Etat. Paris, 1856. 1 vol. in-8°. Prix : 6 francs.

Journal du droit commercial, rédigé par H.-F. RIVIÈRE, avocat à la Cour impériale, docteur en droit, et A. HUGUET, docteur en droit, avocat au Conseil d'Etat et à la Cour de Cassation, avec la collaboration de plusieurs jurisconsultes français et étrangers. Prix d'abonnement : Paris, 10 fr.; Départements, 12 fr.; Etranger, 15 fr.

Répétitions écrites sur le Code de commerce, contenant l'exposé des principes généraux, leurs motifs, l'analyse des opinions de plusieurs professeurs ou auteurs et de la jurisprudence sur les questions controversées, la solution de ces questions, un résumé à la fin de chaque matière. Deuxième édition, revue, corrigée et augmentée; par H.-F. RIVIÈRE, avocat à la Cour impériale, docteur en droit, lauréat de l'Académie de législation. 1 fort vol. in-8°. Paris, MARESCQ et DUJARDIN, éditeurs, rue Soufflot, 17.

Dijon, imprimerie et stéréotypie Loireau-Feuchot.

www.ingramcontent.com/pod-product-compliance
Ingram Content Group UK Ltd.
Pitfield, Milton Keynes, MK11 3LW, UK
UKHW021052200726
13857UKWH00003B/895